CAFE KONI

KAI-UWE MERZ

Vulkan BERLIN

EINE KULTURGESCHICHTE DER 1920ER-JAHRE

ELSENGOLD

INHALT

Die neue
Haller
Revue
An
und
Aus
Die Revue Berlins
Theater im Admiralspalast
Direktion: Herman Haller
Anfang 8¼ Uhr
Sonn= und Feiertags 2 Vorstellungen 3 und 8¼ Uhr
Nachmittags die ganze Vorstellung zu halben Preisen
Erstklassiger Restaurationsbetrieb im ersten Rang
Kainer

EINLEITUNG

Eine Stadt wie ein Vulkan – Berliner Kulturgeschichte der 1920er-Jahre

Tänzerinnen mit nackter Haut: So warb Hermann Haller (1871–1943), 1923–1932 Direktor des Admiralspalastes, für seine *Haller-Revuen*.

Der *Vulkan Berlin* – auf diesem feuerspeienden Berg wurde in den 1920er-Jahren beileibe nicht nur getanzt. Die Metapher vom *Tanz auf dem Vulkan* wird oft strapaziert, um den Charakter dieses besonderen Berliner Jahrzehnts zu beschreiben. *Tanz auf dem Vulkan* war deshalb Titel der Ausstellung des Stadtmuseums Berlin, die 2015/16 *Das Berlin der Zwanziger Jahre im Spiegel der Künste* zeigte. Harry Graf Kessler, der kosmopolitische Wahl-Berliner und Homme des lettres, hatte die Bezeichnung *Der Tanz auf dem Vulkan* in seinem Tagebuch unter dem 9. Februar 1919 allerdings nur für den mit der *Blutweihnacht* 1918 beginnenden neuen Abschnitt der Revolution in Berlin benutzt.

Tanz auf dem Vulkan ist aber vor allem der Titel eines bekannten, 1938 in Berlin produzierten Kostümfilms mit Gustaf Gründgens und Theo Lingen, der vorderhand im revolutionären Paris des Jahres 1830 spielt und in dem Gründgens in revuehaften Auftritten erstmals Theo Mackebens Lied mit den Versen „Die Nacht ist nicht allein zum Schlafen da/Die Nacht ist da, daß was gescheh'" singt. Es avanciert zum Schlager. „Schmieden sie im Flüsterton/Aus Gesprächen Bomben", heißt es in einer der Strophen, und weiter: „Rebellion, Rebellion/in den Katakomben!" Reichspropagandaminister Joseph Goebbels und die nationalsozialistische Zensur hatten sofort begriffen, dass solche Verse beim Publikum weniger auf Paris 1830, sondern vor allem auf Berlin 1938 bezogen werden konnten. Auf welchem Vulkan wurde da also eigentlich getanzt?

Natürlich wurde im Berlin der 1920er-Jahre getanzt, gefeiert, auch geliebt. Aber die Menschen dieser Metropole arbeiteten, lebten, litten in ihrem Alltag genauso wie die Bewohner vieler anderer Städte auf dem Erdball. Doch die Millionenstadt Berlin war auf einzigartige Weise in ständiger Bewegung, Unruhe, Veränderung – wie ein aktiver Vulkan. Ihre kleineren und größeren Eruptionen waren noch in der weiten Ferne und über die Zeiten hinweg sichtbar, spürbar, folgenreich, im Guten wie im Schlechten.

Das Berlin der 1920er-Jahre war in Kunst, Kultur, Wissenschaft, in Hinsicht auf Modernität, Innovation, Fortschritt fruchtbar wie vulkanische Erde – aber einiges in dieser Stadt war taubes Gestein, hohl, missraten, bedeutete Stagnation, Scheitern, Misserfolg. In den kurzen Phasen der nur scheinbaren Ruhe arbeitete es in ihrem Untergrund. Beklemmend und bedrohlich, neugierig machend und die Blicke auf sich ziehend, wie eben ein Vulkan, so war dieses Berlin der Zwischenkriegszeit.

Am Ende dieser Epoche begannen von der deutschen Hauptstadt sogar durch die Weltmächtekoalition kaum zu bändigende Energien und zutiefst böse ideologisch aufgeladene Gewalten auszubrechen wie in einem schrecklichen, alles verschlingenden Lavastrom. Millionen Menschen wurden in Weltkrieg und Holocaust getötet und vernichtet. Berlin war eine Trümmerwüste. Weite Teile der Welt wurden zerstört. Dagegen nimmt sich der durch den Ausbruch des Vesuvs verursachte Untergang der römischen Städte Pompeij und Herkulaneum mitsamt ihrer Umgebung im Jahre 79 nach Christus geradezu harmlos aus.

> **Berlin ist wie ein alles verschlingender Lavastrom gewesen.**

Tanz auf dem Vulkan? Die wirbelnden Glieder der Tänzerin und ihre akrobatischen Verrenkungen dürfen nicht das Bewusstsein dafür trüben, dass sich unter dem hochglanzpolierten Parkett ein Feuer speiender Berg verbirgt – der *Vulkan Berlin*.

Das Buch *Vulkan Berlin* ist zwischen 2016 und 2019 neben Beruf und Alltag entstanden und beruht auf einer Vortragsreihe zum

Thema „Schlaglichter der Berliner Kulturgeschichte der 1920er-Jahre“. Ich bin dankbar, dass der Elsengold Verlag die Idee einer Buchveröffentlichung verwirklicht und dass der Historiker und profunde Berlin-Kenner Kurt Wernicke, ehemaliger stellvertretender Generaldirektor des Museums für Deutsche Geschichte, das Manuskript gelesen hat.

Ich bin im Jahr vor dem Mauerbau im West-Berlin des Kalten Krieges geboren und dort aufgewachsen. Ich habe an der Freien Universität Geschichte und Germanistik studiert; viel später habe ich den ersten Teil eines theologischen Fernstudiums absolviert. Meinem Doktorvater Ernst Nolte (†) verdanke ich die intensive Beschäftigung mit der publizistischen und politischen Welt der 1920er-Jahre, vor allem in der deutschen Hauptstadt. Meine Dissertation beantwortet die Frage, was deutsche und damit auch Berliner Öffentlichkeit und Gesellschaft über Oktoberrevolution, Bolschewismus und frühes Sowjetrussland wussten und was man davon gehalten hat. Der Germanist Joachim Wohlleben (†) hat mir vieles über Johann Wolfgang von Goethe und auch über die Literatur der Zwischenkriegszeit vermittelt, besonders über Alfred Döblin und Bertolt Brecht.

Meiner Geburtsstadt bin ich nie mehr entkommen. Nach dem Mauerfall habe ich bei der damals noch unter dem Verlagsnamen Ullstein firmierenden Boulevard-Zeitung *B.Z.* als Politikredakteur Zeitung

Kinderarbeit in Winterkälte: Zeitungsjungen gehörten zu Berlins Straßenbild. Der Junge auf Conrad Felixmüllers Gemälde von 1928 verkauft die *Arbeiter-Illustrierte-Zeitung* des kommunistischen Verlegers Willi Münzenberg (1889–1940).

gelernt und wechselte dann zum *Berliner Kurier*, der zu DDR-Zeiten immer noch *B.Z. am Abend* geheißen hatte. Inzwischen arbeite ich im Berliner Rathaus und wohne in Friedrichshain, in der anderen, östlichen Hälfte meiner Stadt. Es sind immer wieder Berlin und die 1920er-Jahre gewesen, die mich fasziniert haben. Unvergesslich geblieben ist mir das beeindruckende West-Berliner Ausstellungsprojekt *Tendenzen der Zwanziger Jahre* von 1977. In den 1920er-Jahren ist auch mein 2011 erschienenes Buch *Der AGA-Wagen. Eine Automobilgeschichte aus Berlin* angesiedelt, das der ADAC mit seinem Motorbuch-Preis ausgezeichnet hat. Mein Großvater Konrad Merz hat in den 1920er-Jahren für diese heute unbekannte Automarke als Vorstand gearbeitet. Als Prototyp des „Motorwagens" der Zwischenkriegszeit wird der AGA-Wagen in diesem Buch vorgestellt.

Mein Blick auf meine Stadt ist subjektiv. Eine „kleine" Kulturgeschichte wie die vorliegende wählt aus und gewinnt ihren Charme aus der Beschränkung. Sie nimmt Vorläufigkeit in Kauf. Die Auswahl der Gegenstände, Personen und Zusammenhänge ist letztlich persönlich. Das Buch enthält keine neuen, schon gar nicht wissenschaftlich relevanten Erkenntnisse. Es basiert auf elementarem Grundwissen. Was neu ist, das ist die Zusammenschau, die Synthese, woraus in der Summe eine kulturgeschichtliche Darstellung entsteht. Mit dem Fortlauf der Lektüre entwickeln sich Bezüge, zeigen sich Beziehungen, Parallelen, Widersprüche. So entsteht ein Bild der Stadt in der Weimarer Zeit, in dem der rote Faden von Chronologie und Ereignisgeschichte nur als Folie fungiert.

Berlin – damals wie heute unfassbar und nicht zu überschauen

Berlin war damals und ist heute unfassbar, unübersehbar, unabschließbar. Allem Anschein nach gab es bisher kein Buch zur Berliner Kulturgeschichte der 1920er-Jahre. Dagegen existiert eine unübersehbare Zahl von Publikationen über das Berlin der 1920er-Jahre, über Berlin sowieso und über die 1920er-Jahre ohnehin. Als *Ein Wegweiser durch die Stadt*, der auf Spurensuche im Berlin der Gegenwart zielt, versteht sich das 2018 in dritter Auflage neu erschienene Buch *Die Zwanziger Jahre in Berlin* von Michael Bienert und Elke Linda Buchholz, das in seiner enzyklopädischen Dichte ebenso wie Bienerts Berlin-Titel u. a. zu Brecht und Döblin immerhin in die Richtung der hier in den Blick genommenen Themenstellung weist. Expressis verbis scheint aber das Thema „Berliner Kulturgeschichte der 1920er-Jahre“ in dieser plausiblen und sinnvollen Formulierung noch nie ein Kulturhistoriker, Kulturwissenschaftler oder Kunsthistoriker bearbeitet zu haben.

Ein wesentlicher Grund dafür dürfte sein, dass sich Berliner Kulturgeschichte nicht von der Kulturgeschichte Deutschlands abtrennen lässt. Bücher über deutsche Kulturgeschichte gibt es viele. Berliner und deutsche Kulturgeschichte überschneiden sich so sehr, dass sie in Teilen identisch sind.

Ursache dafür ist die mit Otto von Bismarcks Reichsgründung 1871 verbundene Rolle der preußischen Hauptstadt Berlin als der neuen Hauptstadt des Deutschen Reichs. Diese staatspolitisch tragende Rolle Berlins ist Voraussetzung dafür, dass Berlin sich zur Metropole des föderalen kleindeutschen Staatswesens entwickelt. Berlin war und bleibt nach 1918 zugleich Hauptstadt des mächtigsten deutschen Teilstaats, nämlich Preußens.

Berlin ist die auch international als solche angesehene deutsche Metropole. Sie ist der zentrale Schauplatz deutschen Kulturlebens. Wer etwas werden will, oder wer auch nur etwas sein will, der muss früher oder später nach Berlin. Deshalb begegnen uns viele Menschen, die zugewandert sind.

„Berliner“ Republik wird erst das vereinte Deutschland nach dem Fall der Berliner Mauer genannt. In diesem Buch geht es um die erste demokratische deutsche Republik und ihre Hauptstadt Berlin, die „Weimarer“ Republik genannt wird. Weimar – das ist ein Name von reichem kulturellem Gehalt, die Stadt Johann

Wolfgang von Goethes und Friedrich Schillers. Wie es zu dieser auch durch ihre kulturellen Dimensionen mitbedingten Entscheidung gekommen ist nach der Novemberrevolution des Jahres 1918, die Kaiser und Monarchien beseitigt hat, wird in einem eigenen Kapitel zu Beginn erzählt.

Eine „kleine" Kulturgeschichte ist nicht der Ort kulturphilosophischer Darlegungen. Geschichte darf und soll erzählt werden. Geschichte ist Vergegenwärtigung von Vergangenem. Dieses Buch will aus der Vergangenheit Berlins erzählen. Dabei wird lexikonhafte Vollständigkeit gar nicht angestrebt, schon weil der Stoff viel zu umfassend ist. Es kann nicht einmal um einen irgendwie repräsentativen Überblick gehen. Das könnte womöglich der berufsmäßige universitäre Historiker und Kenner nach vielen Jahren Arbeit leisten. Ob das ein Individuum allein könnte, sei dahinge-

Filmstadt Berlin: Massen werden zu Akteuren in Fritz Langs (1890–1976) Monumentalwerk *Metropolis* von 1927 nach dem Buch von Thea von Harbou (1888–1954).

stellt; umso trauriger, dass die an exzellenten Universitäten reiche deutsche Hauptstadt sich in unverständlicher Weise keinen einzigen Lehrstuhl für die eigene Landes- oder Stadtgeschichte mehr leistet.

Worum es in diesem Buch zunächst geht, das sind Eindrücke, Einblicke, die Anschauung einer Stadt in einem konkreten Abschnitt ihrer Kulturgeschichte. Das hier jeweils Ausgewählte lässt im Zuge der Lektüre immer mehr über die Stadt erkennen. Verfassung, Politik, Literatur, Theater, Architektur, Presse, Malerei, Amüsement und Verbrechen, Industrie, Gesellschaft sind die zehn kulturellen Themen, in die ich den Begriff Kultur auflöse. Vieles fehlt, vieles ergibt sich an Gegenständen im Verlauf der Erzählung. Zu jedem dieser Begriffe wird anhand von Persönlichkeiten, deren Werk und Bedeutung Kulturgeschichte erzählt. Das gibt diesem Buch einen essayistischen Charakter; wer es vorzieht, mag es journalistisch nennen. Durch die erwähnten Menschen und ihr Tun hindurch wird schlaglichtartig die Stadt Berlin der 1920er-Jahre mit ihrer Lebenswirklichkeit aus den Nebeln der Vergangenheit sichtbar. Dazu gehören Fotos und Abbildungen, die im Dialog mit dem Text ihrerseits beitragen, der Leserin und dem Leser ein lebendiges Bild der Epoche zu vermitteln.

Die Lebenswirklichkeit des Berlins der 1920er-Jahre wird sichtbar.

Unter dem Titel *Berlin. Die 20er Jahre* bietet der voluminöse Band des Karlsruher Kunsthistorikers Rainer Metzger von 2009 insgesamt 401 Abbildungen auf 400 Seiten, die Christian Brandstätter grafisch gestaltet hat. Das Wort tritt dabei vollkommen hinter das Visuelle zurück. *Kunst und Kultur 1918–1933* werden in Fülle und Facettenreichtum knapp beschrieben und üppig bebildert. Diese *Kulturgeschichte der 1920er-Jahre* dagegen will über die

Deskription der in Berlin produzieren Kunst und Kultur hinaus nach der Stadt fragen, wie sie sich abbildet in ihren kulturellen Hervorbringungen. Das kulturelle Geschehen und seine Produkte werden als aussagekräftige historische Quelle befragt. Es ist ein Versuch, Fragen nach den Wurzeln Berlins grob zu umreißen, kritisch zu erörtern, partiell zu beantworten: Wie ist dieses Berlin in den 1920er-Jahren gewesen? Was hat es zu dem werden lassen, was es geworden ist? Was bedeutet das Berlin damals für das gegenwärtige und künftige Berlin und darüber hinaus für das, was „Stadt" und was „Metropole" ist oder sein kann?

Nur kurz ist darüber Rechenschaft zu geben, was eigentlich der Begriff „Kultur" bedeuten soll. Der 1928 geborene und 2018 verstorbene Kulturhistoriker Hermann Glaser war fast drei Jahrzehnte lang Schul- und Kulturdezernent in Nürnberg, Honorarprofessor an der Technischen Universität Berlin und hat u. a. eine *Kleine deutsche Kulturgeschichte von 1945 bis heute* geschrieben. Er denkt über den Begriff „Kultur" nach, und er formuliert ganz pragmatisch diese Definition: Es gehe, so schreibt Glaser, „um einen Begriff von Kultur, der sich in Unterscheidung zu dem Begriff der Natur auf alles bezieht, was der Mensch als gesellschaftliches Wesen in unterschiedlichster Weise produktiv bearbeitet oder gestalterisch hervorbringt."

Kultur ist, so verstanden, also mehr als die sprichwörtlichen „schönen Künste". Karl Marx verwendete die Begriffe „Überbau" und „Unterbau". Demnach gehören zur Kultur die Mentalität, Geisteshaltung, Einstellungen und Religion einer Gruppe von Menschen. Das ist der „Überbau". Er steht in einer Wechselbeziehung zu Bedingungen und Bedingtheiten physischer Existenz, also zum materiellen „Unterbau". Dazu gehören Wirtschaft, Politik, Geografie, Geschichte.

Geistiges und Materielles beeinflussen sich gegenseitig. Das ist in seinem Ansatz ein vertrautes Denkmodell. Leib und Seele, Welt und Gott, die Bindung an die Materie und das menschliche Grundbedürfnis nach Transzendenz sind Polaritäten, die im Nachdenken im doppelten Sinne über Gott und die Welt wichtig sind. Diese Polaritäten spielen genauso im Nachdenken über Kultur eine Rolle.

Ein Wort muss der Historiker zur Periodisierung sagen: Der Zeitraum der 1920er-Jahre wird hier nicht rein numerisch verstanden. Erst recht kulturgeschichtlich darf man darunter die Jahre vom Ende des Ersten Weltkriegs und der Novemberrevolution im Jahr 1918 bis zur Machtübernahme Adolf Hitlers 1933 verstehen. Deswegen wäre es eigentlich treffender, von Weimarer Jahren oder Weimarer Zeit zu sprechen, um den Bezug zur Weimarer Republik herzustellen.

Jüdische Kultur in Berlin: Der Passant steht vor der *Hebräischen Buchhandlung* in der Grenadierstraße, heute Almstadtstraße, im Scheunenviertel, in dem bis in die 1930er-Jahre viele Juden aus Osteuropa lebten.

Doch der Terminus der „20er-Jahre" ist nicht nur umgangssprachlich üblich. Erst recht, wenn er in der Kombination der „Goldenen" 20er-Jahre verwendet wird. Da scheinen Glanz und Glamour auf, eine großartige Epoche voller Vergnügen, Freiheit, Sorglosigkeit. Und es sind eben wieder Ziffern und Zahlen, es ist dann doch das Numerische, das uns und Berlin ein weiteres rundes Jubiläum beschert: Die 1920er-Jahre werden jetzt selber 100 Jahre alt.

Der Auftakt, rein numerisch und weniger mathematisch korrekt, ist das Jahr 1919. Das Berlin in diesem Zwischenjahr des Übergangs und der Grundlegungen sowie einige kennzeichnende Geschehnisse werden im nächsten Kapitel grob skizziert.

PROLOG

Groß-Berlin – Adolf Wermuth und der Auftakt des epochalen Jahrzehnts

Ja, ich bin endlich in dieser Hauptstadt der Welt angelangt!

Johann Wolfgang von Goethe,
Italienische Reise, 1. November 1786

Adolf Wermuth (1855–1927) wurde Vater Groß-Berlins und damit der Metropole Berlin. Das Gartenbank-Foto stammt von 1912, als er Oberbürgermeister wurde.

Vor 100 Jahren begannen Berlins „Goldene" 20er-Jahre. Das wissen die Nachgeborenen. Die Mitlebenden damals ahnten nicht, welchen Nimbus das ihnen meistens wahrscheinlich eher wortwörtlich bevorstehende Jahrzehnt eines Tages haben würde. Der jüdische deutsch-britische Autor Peter de Mendelssohn, der 1926 in Berlin seine journalistische Karriere begann, stellte als zurückblickender Zeitzeuge fest, diese 1920er-Jahre seien das Jahrzehnt Berlins gewesen: „Mehr als irgendeine andere Stadt war Berlin wie für sie geschaffen; die Zeit saß ihr wie angegossen. Die Stadt riss mit keckem Griff alles an sich, und alles strebte auf sie zu. Hier, in dieser beispiellos aufnahmefreudigen und unersättlichen Metropole, verschmolzen die neuen Ideen und die neuen Kräfte der ganzen Welt sich zu einer besonderen Synthese. So schien es nicht nur den Berlinern. Die ganze Welt spürte es. Berlin, die jüngste der Welthauptstädte, hatte den größten Schwung, weil sie den geringsten Ballast trug."

So lässt sich durchaus behaupten, Berlin sei wie keine andere Metropole die „Hauptstadt der 1920er-Jahre" gewesen. Und die Welt ahnte das. Denken wir an den Welterfolg des in den 1970er-Jahren verfilmten Musicals *Cabaret*. Es basiert auf Christopher Isherwoods Romanen *Mr. Norris steigt um* von 1935 und *Leb wohl, Berlin* von 1939. Isherwoods sogenannte *Berlin Stories* greifen seine

Erlebnisse in Berlin zwischen 1929 und 1933 auf und prägten im angelsächsischen Sprachraum das Berlinbild der 1930er-Jahre. Der britisch-amerikanische Homosexuelle war fasziniert von der Unwirtlichkeit, dem Tempo und der Homosexuellenszene des Berlins der Weimarer Zeit. 1931 lernte er hier Jean Ross kennen, die durch Isherwoods literarische Verarbeitung das Vorbild der Figur der kapriziösen Nachtklub-Sängerin und aufstrebenden Schauspielerin Sally Bowles wurde, die in der Verfilmung durch Liza Minnelli verkörpert wurde. Glitzer und Glamour machen das Bild des Berlins der „Goldenen" 20er-Jahre aus, aber schon Isherwood erkannte: Es ist der Schein, hinter dem eine bedrückend tief greifende Ambivalenz steckt.

Am Beginn des funkelnden und blitzenden Dezenniums lagen ein Weltkrieg und sein Ende, das Abdanken der Monarchien und eine Revolution. Dazu kamen Not, Armut und Krise, wirtschaftlich und politisch. Das Schlüsseldatum ist der 9. November 1918. Das erste neue Jahr danach ist das Jahr des Übergangs und des Beginns der Neugestaltung. Berlin 1919 – in der Rückschau ist dieses Jahr der Auftakt der „Goldenen" 20er-Jahre. Was geschah in diesem Jahr in der großen Stadt Berlin? Einzelne Ereignisse, nach Möglichkeit im Berliner Stadtgebiet lokalisiert, zeigen, was die Berliner an Geschehnissen in ihrer Stadt miterlebten und was das Jahr 1919 in Berlin bestimmt hat.

Im Januar 1919 wird immer wieder scharf geschossen: Der Sozialdemokrat Paul Hirsch, Innenminister von Preußen, hatte am 4. Januar den Berliner Polizeipräsidenten und Unabhängigen Sozialdemokraten Emil Eichhorn entlassen. Das führte zu spontanen Protesten seitens der USPD und ihrer Anhänger. Im Zeitungsviertel, wo das Springer-Haus beheimatet ist und wo vor einiger Zeit auch noch die Berliner Tageszeitung *taz* ihren Sitz hatte, besetzen Unabhängige und Spartakusleute die Verlagshäuser von Ullstein, Mosse und Scherl. Die Besetzung des Verlagsgebäudes des SPD-Organs *Vorwärts* in der Lindenstraße war ein Stück weit Revanche der linken Sozialdemokraten für den aufsehenerregenden „Vorwärts-Raub" von 1916 durch den Parteivorstand der SPD.

Am 7. Januar beraten SPD-Chef Friedrich Ebert, der am 13. Februar als Reichsministerpräsident beauftragte Philipp Scheidemann und SPD-Wehrexperte Gustav Noske mit dem neuen Kriegsminister Oberst Wilhelm Reinhardt Gegenmaßnahmen. Noske beginnt im heute noch als Schule existierenden Luisenstift in Dahlem, Podbielskiallee/Ecke Königin-Luise-Straße, Freikorps aufzustellen. Am 11. Januar stürmen Regierungstruppen das *Vorwärts*-Gebäude und erobern Kochstraße und Zeitungsviertel zurück. In der Nacht fällt nach einstündigem Artilleriebeschuss mitten im Herzen von Berlin das Polizeipräsidium am Alexanderplatz. Am 15. Januar werden die Spartakusführer Rosa Luxemburg und Karl Liebknecht von Mitgliedern der Garde-Kavallerie-Schützen-Division ermordet. Liebknecht wird im Tiergarten am Neuen See von hinten erschossen; Rosa Luxemburg wurde im Automobil etwa an der Ecke Nürnberger Straße und Kurfürstendamm, der heutigen Budapester Straße, getötet.

Ab Februar 1919 wird Linie geflogen: Die Deutsche Luft-Reederei GmbH, eine Vorläuferin der Lufthansa, startet als erste Flug-

Von regierungstreuen Soldaten errichtete „Spanische Reiter" mit Stacheldraht am Königstor nahe Alexanderplatz in Berlin Mitte während der Straßenkämpfe im März 1919

gesellschaft in Europa einen Liniendienst, und zwar von Berlin-Johannisthal an den Tagungsort der Nationalversammlung nach Weimar – wichtig, um die Zeitungen druckfrisch ins ausgelagerte Zentrum der deutschen Politik zu befördern.

Auch Rad wird gefahren: Mit Radrennen beginnen am 16. Februar im Sportpalast in Schöneberg die „40 Tage Sportpalast". In diesen 40 Tagen wird außerdem geboxt, getanzt, und es gibt Wettbewerbe in Leicht- und Schwerathletik.

Am 23. Februar wird einmal mehr auch in Berlin gewählt, und zwar nach freiem, gleichem und geheimem Wahlrecht auch für Frauen. Das Ergebnis der Stadtverordnetenwahl: 47 Sitze für die USPD, 46 für die SPD, 21 für die liberale Deutsche Demokratische Partei DDP, 16 bekommt die konservative Deutschnationale Volkspartei DNVP, acht das katholische Zentrum, und mit sechs Sitzen ist die nationalliberale Deutsche Volkspartei DVP Schlusslicht.

Auf Minister Noskes Befehl ziehen 40 000 Soldaten in Berlin ein.

Im März branden die blutigen Kämpfe erneut auf: Auf Befehl Noskes marschieren 40 000 Soldaten in Berlin ein. Er verhängt das Standrecht über die Stadt und befiehlt, jeden zu erschießen, der „von jetzt an mit der Waffe in der Hand gegen Regierungstruppen kämpfend angetroffen wird". Die Rede ist von 1200 Toten, möglicherweise waren es auch noch mehr. Tags darauf wird der zeitweilige Luxemburg-Lebensgefährte und KPD-Mitbegründer Leo Jogiches verhaftet und in der Untersuchungshaft im Gefängnis Moabit erschossen. Am 16. März hebt Noske das Standrecht auf, lässt jedoch den Belagerungszustand bis Jahresende in Kraft.

Am 8. Mai 1919 wird der Militärgerichtsprozess vor dem Gericht des Garde-Kavallerie-Schützen-Korps „gegen den Husaren

Otto Runge und Genossen wegen Ermordung von Dr. Karl Liebknecht und Rosa Luxemburg" eröffnet; am 14. Mai gibt es sechs Freisprüche, die höchste verhängte Strafe beläuft sich auf zwei Jahre und vier Monate Gefängnis, nicht etwas Zuchthaus, was es damals noch als schärfere Form der Haft gegeben hat. Die Leiche Rosa Luxemburgs wird erst am 31. Mai gefunden – im Landwehrkanal. An der Brücke aus dem Tiergarten zum Zoologischen Garten erinnert daran ein immer wieder geschändetes Denkmal.

Zwei Ereignisse, die von gesellschaftspolitischer Symbolik sind und die die Berliner Geschichte des Jahres 1919 auch noch verzeichnet: Ab 31. Oktober dürfen neuerdings auch Frauen, also Lehrerinnen, dem Berliner Lehrerverein beitreten. Die Herren Lehrer hatten dafür die Satzung geändert. Und am 3. November habilitiert sich an der Berliner Universität die Zoologin Paula Hertwig – sie ist die erste Frau, die diese hohe akademische Qualifikation an der Berliner Universität erwerben darf.

Was darf an den Wänden der Berliner Behördengebäude aufgehängt werden? Zu diesem die Stadtpolitik bewegenden Streit erklärt Berlins Oberbürgermeister Adolf Wermuth am 15. April 1919, dass Bilder und Büsten der Familie Hohenzollern dort nichts mehr zu suchen haben und dass dort als Symbole der Staatsgewalt nur solche der gegenwärtigen Staatsform Platz finden dürfen. Das Schloss der Hohenzollern beherbergt übrigens unter dem Namen Schlossmuseum ab 1921 das Kunstgewerbemuseum und Schaustücke der vormals kaiserlichen Herrscherfamilie.

Wermuths Karriere steht für die kommunalpolitische Kontinuität: Der gebürtige Hannoveraner amtierte von 1912 bis zum 25. November 1920. Ihm verdankt die Stadt u. a. das Goldene Buch von Berlin, in das sich seitdem Staatsgäste und hochrangiger Besuch eintragen, und das Stadtarchiv.

Das Stadtoberhaupt Wermuth zeichnete sich durch seine juristische Ausbildung mit Promotion sowie reichhaltige und vielfältige Verwaltungserfahrung aus. Er diente in der preußischen Verwaltung, im Reichsamt des Innern, half, den Reichswetterdienst aufzubauen, verwaltete 1890/91 vorübergehend Helgoland,

Karte des neuen Groß-Berlin von 1920: Die zusammenhängende Fläche im Zentrum ist das im Vergleich nunmehr winzig erscheinende ursprüngliche Alt-Berlin.

war Chef der deutschen Delegationen bei den Weltausstellungen 1888 in Melbourne und 1893 in Chicago. 1908 durfte er sich Wirklicher Geheimer Rat nennen. Mitglied der kaiserlichen Reichsregierung war er unter Reichskanzler Theobald von Bethmann Hollweg, der er als einer der wichtigen Staatssekretäre angehörte. Kennzeichnend für seine Persönlichkeit war sicherlich die Tatsache, dass er nach Ablehnung der von ihm geforderten Erhöhung der Erbschaftssteuer umgehend zurücktrat. Christian Hönnicke und Lars Spannagel erzählen in einem wunderbar recherchierten Artikel im *Tagesspiegel* vom 17. Januar 2019, wie es mit ihm weiterging: Wermuth „machte erst einmal eine Wanderung durch den Harz. Unterwegs erreichte ihn ein Brief. Ein Berliner Stadtverordneter fragte an, ob Wermuth Nachfolger des amtsmüden Oberbürgermeisters Martin Kirschner werden wolle. Wermuth willigte ein. Am 12. Mai 1912 wurde der parteilose Beamte von der Stadtverordnetenversammlung mit sozialdemokratischer Mehrheit zum neuen Oberbürgermeister gewählt. In den zwei Wochen, bevor er im September sein Amt antrat, machte Wermuth sich ein Bild von der Stadt, die er regieren sollte." Und das tat er in der Manier des Fachmanns, der ohne parteipolitische Rücksichten pragmatisch das Gebotene tat. Dazu gehörte während des Kriegs auch die Durchsetzung der Einführung von Lebensmittelkarten.

Für die Stadtgeschichte bis in die Gegenwart und sicherlich auch für die weitere Zukunft wichtig und Anlass für ein weiteres 100-jähriges Jubiläum im Jahr 2020: Am 15. März 1919 wird dem preußischen Innenministerium der erste Gesetzentwurf über die Bildung der Stadtgemeinde Berlin vorgelegt. Das sogenannte Groß-Berlin-Gesetz wird nach vielen Beratungen am 1. Oktober 1920 in Kraft treten. Bis dahin hatte zum Beispiel Schöneberg mit dem Sportpalast nicht zu Berlin gehört, sondern war selbstständig gewesen. Wermuth wird der erste Oberbürgermeister von Groß-Berlin. Die Bemühungen, diese Groß-Kommune zusammenzuführen, haben eine lange Vorgeschichte. Doch der Pragmatiker Wermuth setzt das Vorhaben endlich durch. Aus 94 Gemeinden wird eine einzige: Die acht Städte Berlin, Charlottenburg, Köpenick, Lichtenberg, Neukölln, Schöneberg, Spandau und Wilmersdorf, 59 Landgemeinden und 27 Gutsbezirke werden zusammengeschlossen. Das Territorium wird in 20 Bezirke gegliedert. Die Grenzen von damals bestehen grundsätzlich bis in die Gegenwart. Diese hochkompliziert durchzusetzende Gebietsreform wird also ab 1919 ins Werk gesetzt. Ihre Verwirklichung schafft die zentrale Voraussetzung dafür, dass Berlin zur „Hauptstadt der 1920er-Jahre" werden kann, denn dadurch lässt sich die Feststellung treffen: Berlin wird erst Berlin. Wermuth hat das Berlin geschaffen, wie wir es bis ins 21. Jahrhundert kennen. So fasst der *Tagesspiegel* das Ergebnis der Leistung von Wermuth in Hinsicht auf die Metropolenwerdung Berlins zusammen: „Per Gesetz vergrößerte sich die Stadt damals um das 13-fache, von der Fläche her war auf der Welt nur noch Los Angeles größer. Nach London und New York wurde Berlin zur drittbevölkerungsreichsten Stadt der Erde."

„Los von Berlin“ – Hauptstadt der Weimarer Republik

Der 20. Januar 1919 ist ein Montag gewesen, und dieser Montag war ein für die bisherige Residenzstadt der Großherzöge von Sachsen-Weimar-Eisenach folgenreicher „Tag danach“. Am Sonntag waren nämlich in Berlin und in ganz Deutschland Millionen Männer und erstmals auch Frauen an die Wahlurnen gegangen und hatten die verfassungsgebende Nationalversammlung gewählt. Am Wahlsonntag erst war das bisherige Hoftheater von Weimar in „Deutsches Nationaltheater“ umbenannt worden. Und das war nicht zufällig.

Ein Hoch auf die Republik: Der soeben von der Nationalversammlung vereidigte Reichspräsident Friedrich Ebert (1871–1925; Mitte) auf dem Balkon des Nationaltheaters Weimar am 21. August 1919

An diesem Montag schickte der neue Staatssekretär des Reichsamtes des Innern, Hugo Preuß, eine eilige Depesche an Martin Donndorf, den Oberbürgermeister von Weimar. In dem Telegramm stand zu lesen: „Reichsregierung hat beschlossen, die verfassungsgebende deutsche Nationalversammlung am 6. Februar 1919 in Weimar zusammentreten zu lassen.“ Damit wurde Weimar Mittelpunkt deutscher Politik, bevor das Parlament ab September 1919 in Berlin zusammenkam. Die Nationalversammlung war nicht nur ein verfassungsgebendes Parlament, sondern sie debattierte und entschied in diesen dramatischen Monaten auch die anstehenden tagesaktuellen Fragen der deutschen Politik, die in dieser Zeit meist von historischer Bedeutung waren.

Wohlgemerkt: Die Nachricht, dass die Nationalversammlung nicht in der Hauptstadt des Deutschen Reichs, also in Berlin, zusammentreten sollte, wurde erst nach dem Wahltag offiziell bekannt, nicht etwa zuvor. Gefallen war die Entscheidung zwischen Berlin und Weimar nämlich bereits sechs Tage eher, am Dienstag vor der Wahl, im Rat der Volksbeauftragten in Berlin. Noch vier Tage vor dem wichtigen Urnengang hatte beispielsweise das liberale *Berliner Tageblatt* unter der Schlagzeile „Nationalversammlung in Berlin“ festgestellt, dass es der Reichsregierung „unbedingt geboten erscheint, keinen anderen Ort als Berlin zu wählen.“ Die angesehene Zeitung berief sich dabei auf niemand Geringeren als Curt Baake, einen der engsten Vertrauten des Reichskanzlers und späteren Reichspräsidenten Friedrich Ebert.

Dass es doch Weimar sein sollte, sickerte erst am Wahlsonntag durch, und das stand dann am Montag in den Zeitungen. Im Berliner Rathaus, demselben Gebäude wie heute, herrschte Entsetzen. Oberbürgermeister Adolf Wermuth sah den Anfang vom Ende Berlins kommen. Er erklärte: „Wenn einmal die konstituierende Versammlung in einem kleinen Orte Thüringens sitzt, so werden sich dort fortgesetzt Bestrebungen geltend machen, welche Berlin als Reichshauptstadt ganz ausschalten möchten.“ Und dann, so Wermuth, sei Berlin „dem allmählichen Verfall bestimmt“. Die Stadtverordnetenversammlung protestierte einstimmig. Die preußische Landesregierung war ebenfalls gegen Weimar. Die Berliner Presse genauso, vermutlich nicht zuletzt deswegen, weil sie als Hauptstadtpresse um ihre Bedeutung fürchtete. Im *Berliner Tageblatt* schrieb dessen prominenter Chefredakteur Theodor Wolff: „Jeder muss darum wünschen, dass Berlin die Schande einer Verlegung der Nationalversammlung erspart bleibt.“ Der deutschnationale *Berliner Lokal-Anzeiger* sprach von „Berlins Demütigung“.

> Die Verlegung der Nationalversammlung ist eine Schande.

Einige Tage nach der offiziellen Verordnung der Einberufung nach Weimar wandte sich Reichskanzler Ebert an Berlins Oberbürgermeister Wermuth und unterstrich, dass nicht die Januar-Unruhen und die Sicherheitslage in der Hauptstadt ausschlaggebend gewesen seien: „Es muss aber mit der Tatsache des

Vorhandenseins der Antipathie gegen Preußen und Berlin besonders in Süddeutschland gerechnet werden." Der im Süden, nämlich in Heidelberg, geborene Ebert stellt zugleich klar, „dass auch für die Zukunft [...] nur Berlin als Reichshauptstadt in Frage kommen kann."

Der Reichstag in Berlin: Der 16 Meter breite Schriftzug „Dem deutschen Volke" wurde erst 1916 im Weltkrieg angebracht und ist aus eingeschmolzenen Kanonen der Befreiungskriege gefertigt.

Die Entscheidung gegen Berlin und für Weimar ist also eng verbunden mit dem Bemühen Eberts und seiner Reichsregierung des Übergangs, die Einheit des Reiches zu wahren. Die Abkehr von Berlin konnte, schreibt der Historiker Heiko Holste in seiner 2018 veröffentlichten Doktorarbeit, als symbolische Abkehr von all dem gedeutet werden, wofür die Hauptstadt stand. Kaisertum oder Militarismus, preußischer Vormachtanspruch und Zentralismus, Liberalität und Modernität der Metropole, und schließlich Revolution und spartakistische Barrikadenkämpfe. Jeder konnte nach seiner politischen und kulturellen Position in der Entscheidung gegen Berlin das sehen, wogegen er gerade eingestellt war. Das ist gewissermaßen die integrative Wirkung eines Feindbildes, oder, wie es Holste formuliert: „Das bescherte der Entscheidung viel Zuspruch, allein die Berliner waren parteiübergreifend verärgert."

Es ist reizvoll, gedanklich eine Reise durch das Deutsche Reich zu machen, Holstes Recherchen weiter zu folgen und die überraschende Anzahl und Vielfalt der Kandidatenstädte, die mit Weimar und Berlin konkurriert hatten, jeweils versehen mit einigen geografischen, kulturhistorischen und politischen Erläuterungen, durchzugehen:

Keine 48 Stunden, nachdem in Berlin erstmals von einer Nationalversammlung gesprochen worden war, schickte der Magistrat der Stadt Frankfurt am Main seine Interessenbekundung für die Versammlung los. Für Frankfurt sprach, dass hier die erste deutsche Nationalversammlung getagt hatte. Das Parlament von 1848 hatte die bis heute prominente Paulskirche als Ort für seine Sitzungen gewählt. Schon im Jahre 1147, da gab es Berlin noch gar nicht, war ein deutsch-römischer Kaiser in Frankfurt gekürt worden. 1815 war die Stadt, durch deren Gebiet sich die den deutschen Norden vom Süden trennende Mainlinie zog, Sitz des Bundestags des Deutschen Bundes geworden. Der potenzielle Tagungsort, die bewährte nationale Integrationskraft und die demokratische Tradition waren die Kernelemente der umfangreichen

Das Hoftheater in Weimar mit dem Goethe-Schiller-Denkmal wurde am 19. Januar 1919, dem Wahlsonntag, in „Deutsches Nationaltheater“ umbenannt.

Bewerbung, die Bürgermeister Georg Voigt im Dezember 1918 nach Berlin schickte.

Gute Verkehrsverbindungen, zentrale Lage, ideal an der Nord-Süd-Achse des Reichs gelegen – das waren Argumente, die ganz ähnlich wie die Mainmetropole im inoffiziellen Wettbewerb um die Nationalversammlung auch Kassel in die Waagschale warf. Die Residenzstadt mit Industrie hatte vor allem eine überaus friedliche Revolution erlebt. Das war angesichts der Gewalt in Berlin durchaus ein wichtiges Argument. Freilich war die mit einem ansehnlich antikisierenden Portikus ausgestattete Stadthalle, Baujahr 1914, nicht wirklich ein hochrepräsentativer Tagungsort, zumal oberhalb im Schloss Wilhelmshöhe gerade die aus Spa in Belgien gekommene Oberste Heeresleitung unter Generalfeldmarschall Paul von Hindenburg eingezogen war.

> Auch mit einer „Kasseler Republik" wurde es nichts.

Um zurück zu Berlin zu kommen: Treibende Kraft hinter den Kasseler Ambitionen war ein gebürtiger Berliner. Als Vorsitzender des lokalen Arbeiter- und Soldatenrats hatte der Sozialdemokrat Albert Grzesinski für den feierlichen Empfang der Obersten Heeresleitung und namentlich Hindenburgs gesorgt. Aber all das half nicht, mit der „Kasseler Republik" wurde es nichts. Grzesinski allerdings spielte später in Berlin eine wichtige Rolle. Er stieg 1925/26 zum Polizeipräsidenten der Hauptstadt auf, sorgte sich um die Demokratisierung der hauptstädtischen Polizisten, setzte rasch seine Karriere fort und wurde preußischer Innenminister. Bleibend an seinem polizeilichen Wirken ist eine Maxime aus einem Text von 1926, in dem er der Polizei die Rolle zuwies, „Freund, Helfer und Kamerad der Bevölkerung" zu sein. Grzesinski ist damit der Mitvater des Slogans vom Freund und Helfer Polizei.

Treibende Kraft in einer weiteren, ebenfalls verkehrsgünstig im Herzen des Reiches gelegenen Stadt war ein Mitglied der liberalen Fortschrittspartei und Direktor der Thuringia-Versicherung. Otto Rollert empfahl als einer der Honoratioren der Stadt die Erfurter Predigerkirche samt benachbartem Kloster sowie das Hotel „Europäischer Hof" als Tagungsstätte der Nationalversammlung. In Erfurt hatte nach dem Scheitern des Paulskirchen-Parlaments der preußische König Friedrich Wilhelm IV. den Versuch einer Reichseinigung zu seinen Bedingungen in Gestalt des Projekts einer „Erfurter Union“ unternommen und zu diesem Zweck ein ihm genehmes Parlament einberufen, das in der mit dem Mönch Martin Luther eng verbundenen Augustinerkirche tagte. Das tat es fünf Wochen lang und scheiterte, war es doch letzten Endes nichts weiter gewesen als ein Instrument der Niederschlagung der Bestrebungen des Paulskirchen-Parlaments durch die Fürsten mit den Preußen an der Spitze. Ebenso scheiterte 1919 Rollerts Vorhaben einer „Erfurter Republik“.

Die Bemühungen Eisenachs, gleichfalls gut angebunden im Zentrum des Reiches gelegen, unterlagen einer doppelten Konkurrenz. Das industriell ausgerichtete Eisenach war nach Weimar die zweite Hauptstadt des Großherzogtums Sachsen-Weimar-Eisenach. Der späterhin aus der DDR bekannte „Wartburg“ konnte sich auf die Tradition des dort seit 1896 gebauten Wartburg-Motorwagens berufen. Die Stadt wies zudem auf ihre demokratische Tradition hin: 1817 hatten 500 Studenten beim Wartburgfest gegen Fürstentyrannei und Kleinstaaterei demonstriert. Schließlich war dort 1869 mit der Gründung der Sozialdemokratischen Arbeiterpartei im Beisein von August Bebel und Wilhelm Liebknecht die Vorläuferin der SPD entstanden. Es ist vor allem der einzigartige Tagungsort gewesen, den Oberbürgermeister Hans Schmieder bieten konnte: die Wartburg. Dorthin war Martin Luther 1521 geflohen und hatte an seiner Bibelübersetzung gearbeitet. Doch auch nach Eisenach wurde die deutsche Republik nicht benannt.

Der katholischen Zentrumspartei, die in Bayern Bayerische Volkspartei hieß, entstammte der mit den Stimmen der örtlichen

Würzburgs Erster Bürgermeister Andreas Grieser (1868–1955) wollte die Nationalversammlung in seine Stadt holen und wurde von Bayerns Ministerpräsident, dem Berliner Kurt Eisner (1867–1919) unterstützt.

SPD gewählte Würzburger Erste Bürgermeister Andreas Grieser. Als Tagungsort des Parlaments empfahl er die Räume in der zu diesem Zeitpunkt allerdings gar nicht im Eigentum der Stadt befindlichen Fürstbischöflichen Residenz und unterstrich, die am Main gelegene fränkische Hauptstadt sei besonders geeignet zur Vermittlung zwischen Nord und Süd. Sofort fand der Vorschlag Würzburg Unterstützung bei einem gebürtigen Berliner: Der bayerische Ministerpräsident Kurt Eisner sorgte dafür, dass Würzburg der Favorit der Länder Bayern, Baden, Württemberg und Hessen wurde. Aber auch Würzburg wurde es nicht. Dafür machte Bürgermeister Grieser sich bald auf nach Berlin, wechselte ins Reichsarbeitsministerium und wurde als Staatssekretär zum „Nestor der deutschen Sozialversicherung". Der Sozialpolitiker Grieser war maßgeblich an der Schaffung der Gesetze zur Regelung der Sozial- und Krankenversicherung der Bergleute, also der Knappschaftsversicherung, der Versicherung für Seeleute und der Regelung der Sozialrenten für saarländische Arbeitnehmer beteiligt und baute so den Sozialstaat mit auf.

Eher beiläufig erfolgte die Bewerbung Nürnbergs, die seitens des Bürgermeisters Otto Geßler nicht sehr engagiert verfolgt wurde. Das Stadttheater wurde als Tagungsstätte angeboten, der Rest werde sich gegebenenfalls finden. Politische Gründe wurden gar nicht erst genannt, aber es fehlte nicht der Hinweis auf eine benachbarte Bewerbung einer kleineren Stadt.

Akribisch geplant und akademisch gründlich bereitete der der Bayerischen Volkspartei nahestehende Bamberger Bürgermeister Adolf Wächter die Bewerbung vor. Skurril mag das Ansinnen erscheinen, nicht nur die Nationalversammlung zu beherbergen, sondern auch gleich noch neue deutsche Hauptstadt zu werden. Als Beispiele bezogen sich die Bamberger auf Den Haag und Washington. Sie boten für ein neu zu erbauendes Regierungsviertel kostenlos, wie sie betonten, ein 50 000 Quadratmeter großes baureifes Gelände an. Die Bewerbung war eine Mischung aus reaktionärem Provinzlertum, naivem Lokalpatriotismus, bayerisch-katholischer Antipathie gegen Berlin und Ablehnung der Revolution, so Holste.

Curt Baake (1864–1940; rechts), der die Nationalversammlung nach Weimar brachte, mit dem ehemaligen Diplomaten und DDP-Politiker Johann Heinrich Graf von Bernstorff (1862–1939) um 1919 in Berlin

Sieben Städte hatten sich also neben Weimar und Berlin ins Gespräch gebracht. Berlin war sozusagen die geborene Bewerberin, die sich ebenso wenig von sich aus beworben hat wie Weimar. Am Ende fiel trotzdem die Entscheidung auf Weimar, und dafür war ein Mann verantwortlich, der bereits erwähnt worden ist: Curt Baake, eine wichtige Figur des Berliner Kulturlebens. Baake war Unterstaatssekretär, und in diesem Rang amtierte er seit dem 12. November 1918 für gut fünf Monate als Chef der Reichskanzlei des Reichskanzlers Friedrich Ebert, also in der Schaltzentrale der Reichsregierung. Der gebürtige Breslauer saß angeblich entweder im Theater oder beim Journalistenstammtisch im Café Josty am Potsdamer Platz. Als langjähriger Kulturredakteur der SPD-Zeitung *Vorwärts* war er von seinem Herkommen das, was heute als Kulturmanager bezeichnet wird, zumal er als Stadtverordneter in Berlin auch politisch aktiv war. Er war ein Freund von Gerhart Hauptmann und Käthe Kollwitz, übersetzte Émile Zola und stand nach seinem politischen Intermezzo bis 1933 an der Spitze des deutschen Volksbühnenverbands. Außerdem war Baake seit 1927 erster Vorsitzender des Arbeiter-Radio-Bundes und Mitglied des Kulturbeirats der *Deutschen Welle*.

Curt Baake: eine wichtige Figur des Berliner Kulturlebens

Baake war der Mann, von dem nach den Recherchen von Heiko Holste die Idee stammte, die Nationalversammlung im Weimarer Theater tagen zu lassen. Kultur spielte für Baake als Argument für Weimar sehr wohl eine Rolle, als er im Rat der Volksbeauftragten zur internationalen Wahrnehmung der Stadt erklärte: „Die Konstituante in Weimar sagt aller Welt, dass die Festigung des Deutschen Reiches im Sinne des weimarischen Geistes erfolgen wird."

Zusammenfassend zur Entscheidung über den Tagungsort der Nationalversammlung trifft Heiko Holste eine Feststellung, die in der Spiegelung ein Bild der Kulturmetropole Berlin zu Beginn der 1920er-Jahre wiedergibt: „Weimar und Berlin, schärfer noch: Weimar und Potsdam, waren bis Kriegsende ein vertrautes Begriffspaar. Diese Städte symbolisierten Geist und Macht, Goethe und Bismarck, Humanismus und Militarismus. Meistens wurden sie als Gegensatz verstanden: Dem Musenhain an der Ilm stand dann der Kasernenhof im märkischen Sand gegenüber, dem intelligenten Parlieren der preußische Schnauzton, dem klugen Weltbürgertum der dumpfe Hurrapatriotismus."

Wichtig war Baake, und gerade deshalb war er dafür, die Verfassung in Weimar erarbeiten zu lassen, der Zusammenhalt des Reichs. Gerade die Fertigstellung der Verfassung sollte aus seiner Sicht der Schlusspunkt der revolutionären Phase werden. Der Föderalismus und die mit ihm verbundenen Kräfte des Auseinanderstrebens stehen durchaus in Wechselbeziehung zur Geografie: „Die Nationalversammlung tagte außerhalb Preußens, aber auch außerhalb Bayerns auf halber Strecke zwischen Berlin und München." Hier stehen die vom Berliner Kurt Eisner in München angeführten Bestrebungen südlich gelegener deutscher Länder für Würzburg im Hintergrund, die durch die „Los von Berlin"-Tendenzen motiviert sind.

„Musenhain an der Ilm" versus „Kasernenhof im märkischen Sand"

Hugo Preuß dagegen, der geistige Vater der Weimarer Reichsverfassung, lehnte Weimar ab. Er verwies auf die Bestrebungen zur Gründung einer Republik Rheinland-Westfalen, denen auch der Kölner Oberbürgermeister Konrad Adenauer nicht fern stand, und auf die sich in Süddeutschland breit machende „Los von Berlin"-

Bewegung. Diese Tendenzen, so Preuß, könnten nur bezwungen werden, wenn die Reichsregierung „durch ihre Machtmittel gewährleisten kann, dass die Nationalversammlung in Berlin völlig ungehindert und frei von Druck ihr feindlicher Gruppen ihren großen Aufgaben obliegen kann."

Hugo Preuß war gebürtiger Berliner, und er war Jude. Dieser Umstand war in seinen Anfangsjahren im wilhelminischen Deutschland ein schwerwiegendes Hemmnis. Preuß hatte u. a. an der Friedrich-Wilhelms-Universität in Berlin die Rechte studiert. 1889 habilitierte er sich dort als Staatsrechtler und arbeitete, da er ungetauft dort nicht Professor werden durfte, als Privatdozent für öffentliches Recht. Erst 1906 erhielt er seine erste Professur, allerdings an der neu gegründeten Handelshochschule Berlin; im Revolutionsjahr 1918 wurde er deren Rektor.

Wie Baake war er im Kaiserreich Berliner Stadtverordneter, gehörte zum linken Flügel der Fortschrittspartei und wurde dann Mitglied der linksliberalen DDP. Am 15. November 1918 wurde Preuß zum Staatssekretär im Reichsamt des Innern berufen und mit dem Entwurf einer Reichsverfassung beauftragt. Die von ihm am 3. Februar 1919 vorgelegte Verfassung wurde nicht in jeder Einzelheit umgesetzt. Kritik kam vor allem von konservativer Seite, für die der Entwurf zu sehr der Paulskirchen-Verfassung ähnelte. Dabei fürchteten die Kritiker insbesondere eine Zentralisierung infolge der Neuaufteilung der bisher von Preußen dominierten föderalistischen Struktur.

Von Hugo Preuß stammt auch der Begriff „Obrigkeitsstaat", dessen Verkörperung der Schuster Friedrich Wilhelm Voigt ist, dem Carl Zuckmayer in seinem 1931 erschienenen Stück *Der Hauptmann von Köpenick* zu literarischer Unvergessenheit verholfen hat. Simplifiziert lassen sich die Weimarer Reichsverfassung und die Intentionen von Preuß dahingehend charakterisieren, dass er das demokratische Gegenteil jeder Form eines „Obrigkeitsstaats" schaffen wollte, auch einer „Obrigkeit" in Gestalt revolutionärer Arbeiter- und Soldaten-Räte nach Sowjetmuster. So lautete auch die Überschrift seines maßgeblichen Artikels im *Berliner Ta-*

geblatt schon vom 14. November 1918: „Volksstaat oder verkehrter Obrigkeitsstaat?“

Negativer Inbegriff dessen, was sich mit der Vorstellung eines Obrigkeitsstaats verbindet, ist bis heute oft der Begriff Preußen. Und zu Preußen gehörte auch das Groß-Berlin der 1920er-Jahre. Gegliedert war der 1919 ausgerufene Freistaat Preußen zwischen 1922 und 1938 in 12 Provinzen. Die Ebene darunter bildeten die Regierungsbezirke. Die Stadt Berlin und ab 1920 Groß-Berlin waren weder das eine noch das andere, sondern die deutsche und preußische Doppel-Hauptstadt ist als quasi-Provinz, die es eben formal nicht war, den zwölf preußischen Provinzen als faktisch dreizehnte hinzuzurechnen. Die Verwaltungsinstitutionen waren die Stadtverordnetenversammlung, der Oberbürgermeister und als Stadtregierung das Kollegium des Magistrats. Auch insofern hatte Berlin in seiner „Verfasstheit“ einen Sonderstatus im preußischen Staatsverbund. Dieses Groß-Berlin seinerseits zerfiel verwaltungsmäßig in 20 Bezirke, von denen einige nach 1920 jedoch erst aufgebaut und mit Personal und Verwaltungsinfrastruktur ausgestattet werden mussten.

Die Berliner Stadtpolitik war, wie sich anhand dieser knappen Schilderung der in ihrer Komplexität nur angedeuteten Gliederung der Institutionen nachvollziehen lässt, in hohem Maß abhängig von den Entscheidungen und Vorgaben auf den ihr übergeordneten Ebenen, namentlich der Reichspolitik, wie sie die Reichsregierung betrieb, und der Landespolitik, wie sie der Freistaat Preußen machte. Zu vermerken ist allerdings, dass die Stadtpolitik wohl doch eine gute Schule gewesen ist, waren doch zwei entscheidende Männer in den Tagen des Umbruchs ehemalige Berliner Stadtverordnete, nämlich Curt Baake und Hugo Preuß.

In vielen Angelegenheiten hatte auch das neugebildete Groß-Berlin kaum Kompetenzen. Die Verfassungsgebende Preußische Landesversammlung war es, die das Groß-Berlin-Gesetz verabschiedete. So setzte auch der preußische Innenminister den Berliner Polizeipräsidenten ein. So kam es dann Mitte der 1920er-Jahre, dass im Beispielsfalle der wirtschaftlich ins Trudeln geratenen

AGA-Automobilwerke in Berlin-Lichtenberg neben der Reichsregierung vor allem der preußische Ministerpräsident Otto Braun von der SPD gefragt war, das Unternehmen zu sanieren und die Arbeitsplätze zu retten – er war nicht erfolgreich.

Der Freistaat Preußen war gemäß seiner auch in Berlin geltenden Verfassung von 1920 eine demokratische Republik, und er erwies sich als Stabilitätsanker der Weimarer Demokratie. Die Schlüsselrolle nicht nur in der die Weimarer Republik, sondern auch in der den Freistaat Preußen tragenden Weimarer Koalition aus SPD, DDP und Zentrumspartei hatte die katholische Partei inne. 1919 konnte sie in Preußen bei der Wahl zur verfassungsgebenden Landesversammlung aufgrund der bevölkerungsreichen katholischen Rheinprovinz im Unterschied zu den Wahlen zur Berliner Stadtverordnetenversammlung nach der SPD sogar zweitstärkste Partei werden.

Der jüdische Staatsrechtsgelehrte Hugo Preuß (1860–1925) war Mitbegründer der liberalen DDP und formulierte den ersten Entwurf der Reichsverfassung.

Zentrale Persönlichkeit der Zentrumspartei jedenfalls zum Anfang der Republik war auf Reichsebene einer der ersten in der Reichshauptstadt Berlin aktiven deutschen Berufspolitiker jenseits der Sozialdemokratie, nämlich der Wahl-Berliner Matthias Erzberger. Er steht zugleich als Opfer eines politischen Mordes für ein charakteristisches Element der politischen Kultur der Weimarer Republik und damit des politischen Geschehens in der Hauptstadt dieser Republik – nämlich für die Gewalt.

BERLINER TAGEBLATT

POLITIK

„Fort mit Erzberger" – Politischer Katholizismus, Frieden und Gewalt

Die Gewaltgeschichte der Weimarer Republik und ihrer Hauptstadt rührt zu einem guten Teil von der Gewalterfahrung des Ersten Weltkriegs her. Der weltberühmte Roman eines Angehörigen der Kriegsgeneration, die als „verlorene Generation" charakterisiert wird, dokumentiert anschaulich, was Kriegsdienst und Gewalt konkret für die Soldaten bedeutet haben und welche Konsequenzen das Erleben für deren zukünftiges Dasein gehabt hat. Das 1929 erschienene und schon 1930 in den USA verfilmte Buch *Im Westen nichts Neues* des seit 1925 in Berlin lebenden Kriegsteilnehmers Erich Maria Remarque beginnt mit der Szene einer Feldspeisung an der Front. Der Koch hatte für 150 Mann gekocht. Abgenommen werden ihm nur noch 80 Rationen; die anderen Soldaten sind alle gefallen oder verwundet.

Aufruhr, Soldaten auf der Straße, Einschläge, zersplitterte Scheiben: Rudolf Mosses (1843–1920) Verlagshaus im Zeitungsviertel wurde beim Spartakusaufstand stark beschädigt.

Der Ich-Erzähler sagt an einer Stelle zu seinen Zukunftsperspektiven:

Ich kann mir bloß nichts vorstellen. Was ich an Möglichem sehe, diesen ganzen Betrieb mit Beruf und Studium und Gehalt und so weiter – das kotzt mich an, denn das war ja schon immer da und ist widerlich. Ich finde nichts – ich finde nichts, Albert. […] Albert spricht es aus: ‚Der Krieg hat uns für alles verdorben.' Er hat recht. Wir sind keine Jugend mehr. Wir wollen die Welt nicht mehr stürmen. Wir sind Flüchtende. Wir flüchten vor uns. Vor unserem Leben. Wir waren achtzehn und begannen die Welt und das Dasein zu lieben; wir mußten darauf schießen. Die erste Granate, die einschlug, traf unser Herz. Wir sind abgeschlossen vom Tätigen, vom Streben, vom Fortschritt. Wir glauben nicht mehr daran; wir glauben an den Krieg.

Der Buchtitel *Am Anfang war Gewalt* umschreibt den zentralen Aspekt, unter dem der junge irische Historiker Mark Jones sein Thema *Die deutsche Revolution 1918/19 und der Beginn der Weimarer Republik* in seiner 2017 in deutscher Sprache erschienenen Doktorarbeit darstellt und interpretiert. Die deutsche Hauptstadt nimmt als zentraler Schauplatz des revolutionären und gegenrevolutionären Geschehens breiten Raum in seiner Darstellung ein. Insofern ist das Buch Beitrag zu einer „Gewaltgeschichte" Berlins.

Formen von Gewalt hielten Einzug, die bis dahin niemals vorgekommen waren.

Jones legt den Hauptakzent nicht auf die Gewalterfahrung des Kriegs als Ursprung des in diesen Dimensionen völlig neuen Gewaltgeschehens, sondern er hebt hervor, dass die Herrschenden, und das sind in der Novemberrevolution vor allem die Mehrheitssozialdemokraten der MSPD, die im Bündnis mit der alten Armeeführung und den Freikorps die radikalen Linken von Unabhängigen Sozialdemokraten und Spartakus beziehungsweise der am 30. Dezember 1918 gegründeten KPD brutal niedergeschlagen haben. Jones stellt fest: „In den Winter- und Frühjahrsmonaten 1918/1919 hielten Formen von Gewalt Einzug, die bis dahin auf dem Boden des Deutschen Reiches niemals vorgekommen waren, und das in einer nie dagewesenen Größenordnung." Die Zahl der Opfer politisch motivierter Gewalt habe sich potenziert. Jones weist darauf hin, dass am 6. Dezember 1918 erstmals auf deutschem Boden mitten in Berlin Demonstranten unter Maschinengewehrfeuer genommen wurden – 16 Tote. Erstmals wurde in bürgerkriegsähnlichen Kämpfen in einem Stadtgebiet, so Jones, beim Sturmangriff der Garde-Kavallerie-Schützen-Division auf Stadtschloss und Marstall am 24. Dezember 1918 moderne Feld-Artillerie eingesetzt. Er schreibt, dass „die

„Bluthund": Reichswehrminister Gustav Noske (1868–1946), hier mit General Walther Freiherr von Lüttwitz (links) trat nach dem Kapp-Putsch im März 1920 zurück und wurde Oberpräsident der Provinz Hannover.

ersten Fliegerbomben nicht im Zweiten Weltkrieg in der Reichshauptstadt einschlugen, sondern im Verlauf des Märzaufstandes von 1919."

Gustav Noske war der erste Sozialdemokrat, der in Deutschland Verantwortung für das Militär trug, und zwar als Reichswehrminister des ersten Kabinetts des Reichsministerpräsidenten Philipp Scheidemann. Von Noske stammt das geflügelte Wort: „Meinetwegen, einer muß der Bluthund werden." Als er am 6. Januar 1919 zu Ebert kam, fand er die Genossen „in ziemlicher Aufregung". „Ich bin der Meinung", hatte Noske angesichts des Januaraufstands erklärt, „daß nun mit Waffengewalt Ordnung geschaffen werden muß." Darauf sagte Ebert: „Dann mach du doch die Sache." Noske akzeptierte. Die SPD dankte es ihm nicht, er verließ Berlin 1920.

Vergleichbar war es dem Zentrumspolitiker Matthias Erzberger ergangen, als er eher nolens als volens den Schlussstrich unter den Ersten Weltkrieg ziehen musste. Anfang Oktober 1918 ernannte ihn Reichskanzler Prinz Max von Baden zum Staatssekretär ohne Portefeuille und zum Leiter der deutschen Waffenstillstandskommission. Die Szene im Eisenbahnwaggon von Compiègne, die Adolf Hitler im Juni 1940 nach der Niederlage Frankreichs im Zweiten Weltkrieg ein zweites Mal inszenierte, ist berühmt. Erzberger unterzeichnete auf Wunsch Paul von Hindenburgs und in Vertretung des deutschen Militärs am 11. November 1918 als Erster der vierköpfigen deutschen Delegation den Waffenstillstand, der die Kampfhandlungen des Ersten Weltkriegs auch formal beendete. Die Billigung seitens der Obersten Heeresleitung zu betonen, ist bedeutsam, liegt doch in diesem Akt die Wurzel jener „Dolchstoßlegende", mit der die politische Rechte der Weimarer Republik der Revolution und den Demokraten die Niederlage im Krieg zuschieben wollte.

Wurde als einer der ersten bürgerlichen Berufspolitiker in Berlin Vizekanzler: Matthias Erzberger (1875–1921)

Der umtriebige, in Buttenhausen im Königreich Württemberg als ältestes von sechs Kindern eines Schneiders und nebenberuflichen Postboten geborene Erzberger war ein mutiger Mann, von Beruf Volksschullehrer. Er war tief im Glauben verwurzelt und besuchte mehrfach in der Woche die Heilige Messe. Seine ältere Tochter Maria wurde 1921 Karmelitin. Seinen Mut zeigt auch die Geschichte mit der roten Fahne der Revolution am Dienstwagen. Anders als die meisten Berliner Autofahrer ordnete er nach seiner Rückkehr nach Berlin an, sie zu entfernen und stattdessen Schwarz-Rot-Gold an seinem Wagen anzubringen, die Farben der demokratischen Bewegung. Er hatte schon im Kaiserreich, als er in den Reichstag kam, bald seine Familie nach Berlin nachgeholt, um nicht wie die meisten Abgeordneten ständig pendeln zu müssen und um in der Hauptstadt präsent zu sein, wenn sich überraschend aktuelle Anlässe und Gelegenheiten boten, die es politisch zu nutzen galt. So berichtet es Christopher Dowe in seiner Erzberger-Biografie von 2011 mit dem Untertitel *Ein Leben für die Demokratie*.

Nolens, volens – auf diese Weise, so darf man sagen, stellte sich Erzberger auch zum Friedensvertrag von Versailles. Die Staaten der Entente waren ebenso wenig wie beim Waffenstillstand bereit zu nennenswerten Zugeständnissen. Die Bestimmungen des Friedensvertrags in Stichworten: Schluss mit der deutschen Weltmachtrolle, Anerkennung alleiniger Kriegsschuld, Auslieferung von Kaiser und Generalität als Kriegsverbrecher und unabsehbar hohe Reparationen.

Das Echo war mehrheitlich zutiefst ablehnend. Parolen wie „Lieber tot als Sklave" fanden starken Widerhall. Erzberger konnte das alles nachempfinden. Aber er wog nüchtern die Alternativen und die jeweiligen Folgen ab. Aus seiner Sicht war „die Erhaltung und Festigung der nationalen Einheit [...] das oberste Gesetz für jedes politische Handeln". Denn eine „gewaltsame Zerstückelung Deutschlands" wollte er keineswegs „der freiwilligen Unterwerfung und Versklavung" vorziehen. Es ist zu unterstreichen: Auch für Erzberger war die Annahme des Versailler Vertrags gleichbedeutend mit Unterwerfung und Versklavung.

Im Rahmen des Szenarios einer Fortsetzung der Kampfhandlungen durch die Entente-Staaten drohte vor allem die Abtrennung süd- bzw. südwestdeutscher Länder. Dabei spielten konfessionelle Aspekte eine Rolle, denn diese Regionen waren überwiegend katholisch. Dahinter stehen Variationen der Auseinandersetzungen in der nationalen Frage, die bereits nach der Revolution von 1848 in der Paulskirche eine Rolle spielten: Soll es eine großdeutsche Nation mit dem katholischen Österreich und seiner Hauptstadt Wien sein, oder soll es eine kleindeutsche Lösung sein, protestantisch-preußisch, regiert von Berlin aus, wie sie Bismarck verwirklicht hatte? Erzberger sah selbstverständlich Bayern, Württemberg und Baden als konstitutive Bestandteile der deutschen Nation an, und daher fand er in diesen Ländern und auch in Hessen Unterstützung für seine nüchtern abwägende Haltung, die auf Diplomatie und Ausgleich setzte.

Die Lage in Berlin war dramatisch. Weniger als 100 Stunden vor Ablauf des alliierten Ultimatums, den Versailler Vertrag zu unterzeichnen, am 20. Mai 1919, trat Reichsministerpräsident Scheidemann mit seinem Kabinett zurück. Der Sozialdemokrat wollte die Unterschrift nicht leisten. Schon am 12. Mai hatte er in der Nationalversammlung seine Haltung zu dem Vertrag mit der zum geflügelten Wort gewordenen rhetorischen Frage: „Welche Hand müsste nicht verdorren, die sich und uns in solche Fesseln legte?“ zum Ausdruck gebracht.

Es musste umgehend eine neue Regierung gebildet werden, die eine breite parlamentarische Mehrheit in der Nationalversammlung für Versailles benötigte. Schließlich votierte die Nationalversammlung am 22. Juni 1919 mit 237 gegen 138 Stimmen für die Annahme des Vertrags. Außenminister Hermann Müller von der SPD und Verkehrsminister Johannes Bell vom Zentrum unterzeichneten ihn am 28. Juni 1919 – unter Protest.

Erzberger zog die feindseligen Angriffe der Anhänger der „Dolchstoßlegende“ von der Rechten auf sich. Die antisemitische Zeitung *Münchener Beobachter* schrieb: „Nun ist das Schrecklichste geschehen. Unter Deutschlands Vernichtungsurteil wird das Ja gesetzt werden [...]. Eine eigentümliche, wahrhaft düstere Rolle spielt wieder der Mann ohne Gewissen aus Buttenhausen: Erzberger, der ewig Geschäftsbereite [...]. Juden- und Jesuitengeist herrscht im Lande Hermanns.“

„Juden- und Jesuitengeist herrscht im Lande Hermanns.“

Übereinstimmung bestand in Deutschland darüber, dass nunmehr eine Revision der Bestimmungen anzustreben sei. Erzberger warb für das, was seine Gegner auf der Rechten als „Erfüllungspolitik“ denunzierten. Er wollte im Bemühen um die Erfüllung der alliierten Forderungen deren Unmöglichkeit belegen. Aber die Linie des deutschen Außenministeriums blieb vorerst auf Konfrontationskurs. Die Besetzung rechtsrheinischen Gebiets hatte schon im November 1918 begonnen, und Deutschland wurde gezwungen, die sehr hohen Reparationszahlungen zu akzeptieren.

Vizekanzler der Republik und ehemaliger Vizekanzler des Kaiserreichs: Matthias Erzberger (links) und der Deutschnationale Karl Helfferich

An der Verfassung arbeitete Erzberger nicht in nennenswertem Umfang mit. Allerdings war für ihn seit jeher die Sicherung der Rechte der Kirche in der Verfassung von elementarer Bedeutung. Seine Flexibilität zeigte sich einmal mehr beim Frauenwahlrecht, das er und die Zentrumspartei bis zur Revolution nicht unterstützt hatten. Als es dann aber bei der Wahl zur Nationalversammlung angewendet wurde, warb Erzberger engagiert um die Stimmen gerade der Katholikinnen und bemühte sich, auch den Klerus für eine entsprechende Agitation zu gewinnen. Die Frauenstimmen dürften einen gehörigen Anteil am guten Ergebnis des Zentrums mit 19,7 Prozent gehabt haben. Zum Vergleich: Die Mehrheitssozialdemokraten erzielten 37,9, die DDP 18,5 Prozent der Stimmen.

Charakteristisch für die politische Kultur der Weimarer Republik war der Erzberger-Helfferich-Prozess. Es handelte sich um ein Beleidigungsverfahren, das der zum Reichsfinanzminister und

Vizekanzler aufgestiegene Erzberger gegen den ehemaligen Staatsminister und kaiserlichen Vizekanzler Karl Helfferich anstrengte. Dieser Prozess dauerte mit Unterbrechungen vom 19. Januar bis zum 12. März 1920. Helfferich, der im Kaiserreich maßgeblich an der Anleihefinanzierung des Kriegs beteiligt gewesen war, trat nach der Novemberrevolution als Politiker für die antirepublikanische DNVP auf. Er griff Erzberger vehement öffentlich an und beschimpfte ihn als „Reichsverderber". Helfferich veröffentlichte die Broschüre „Fort mit Erzberger!", in der er dem Zentrumspolitiker und amtierenden Reichsminister politische Fehler vorwarf und ihm unterstellte, notorisch zu lügen und private wirtschaftliche Interessen und Politik miteinander zu verbinden. In der Broschüre war wörtlich von „Verstößen gegen die Wohlanständigkeit, gewohnheitsmäßige Unwahrhaftigkeit und Verquickung persönlicher Geldinteressen mit dem politischen Amt" die Rede.

Als Erzberger am 26. Januar das Landgericht in Berlin-Moabit verließ, schoss der ehemalige Fähnrich Oltwig von Hirschfeld zweimal auf ihn; dabei wurde Erzberger an der Schulter verletzt. Der Attentäter wurde lediglich wegen gefährlicher Körperverletzung zu 18 Monaten Haft verurteilt. Das Gericht billigte ihm seine angeblich idealistische Gesinnung als mildernden Umstand zu.

Die Staatsanwaltschaft übernahm zum großen Teil die Vorwürfe Helfferichs. Das Gericht war gegenüber Erzberger keineswegs unvoreingenommen. Helfferich wurde wegen übler Nachrede und Beleidigung am 12. März 1920 zu einer Geldstrafe von 300 Mark verurteilt. Der eigentliche Verlierer war Erzberger. Helfferich habe laut Urteil im Wesentlichen keine unwahren Behauptungen verbreitet und außerdem aus „vaterländischen Gründen" gehandelt. Erzberger dagegen wurden in zwei Fällen Meineid und in sieben Fällen die Vermischung von Politik und Geschäftsinteressen vorgeworfen. Noch am Tag des Urteilsspruchs trat er zurück. Das Attentat hatte bei ihm einen Schock hinterlassen. Er wollte zwar in die Politik zurückkehren, fürchtete aber die Folgen: „Die Kugel, die mich treffen soll, ist schon gegossen", schrieb er seiner Tochter Maria. Sein Ruf war ruiniert. Der Rechtsweg blieb ihm in Teilen versperrt. Entlastende Momente interessierten öffentlich nicht mehr. Bei einem weiteren Anschlag auf einer Wahlversammlung in Esslingen am Neckar im Mai 1920 blieb Erzberger unverletzt. Er starb bei einem neuerlichen Attentat am 26. August 1921. Die ehemaligen Marineoffiziere Heinrich Tillessen und Heinrich Schulz – beide Angehörige der rechtsextremen Organisation Consul, des Freikorps Oberland und des Germanenordens – lauerten Erzberger in Bad Griesbach im Schwarzwald im Urlaub bei einem Spaziergang mit seinem Parteifreund Carl Diez auf. Die Täter schossen sechsmal auf Erzberger, Diez wurde schwer verletzt, aber überlebte. Erzberger stürzte die Böschung hinab. Die Attentäter töteten ihn dann aus nächster Nähe mit zwei weiteren Schüssen in den Kopf. Sie entkamen ins Ausland, kehrten nach 1933 aus Spanien zurück und wurden von den Nationalsozialisten amnestiert. Die Justiz der Bundesrepublik Deutschland hat in Verfahren gegen die Mörder nach 1945 einen erschreckend laschen Umgang mit den Attentätern an den Tag gelegt.

> Die Attentäter töteten ihn mit zwei weiteren Schüssen in den Kopf.

In seiner Heimat gibt es mehrere Erinnerungsorte und ein lebendiges Gedächtnis Erzbergers. In Berlin nicht. Immerhin heißt das Bundestagsgebäude Unter den Linden seit 2017 „Matthias-Erzberger-Haus“. Immerhin hat der damalige Finanzminister Wolfgang Schäuble am 26. August 2011, dem 90. Jahrestag von Erzbergers Ermordung, den Großen Saal des Bundesministeriums der Finanzen in Matthias-Erzberger-Saal umbenannt. Dabei hat der aus Baden-Württemberg stammende Schäuble den Zentrumspolitiker als „streitbaren Demokraten, Finanzpolitiker und Friedensstifter“ gewürdigt und ihn zu Recht als „Stiefkind der deutschen Erinnerungskultur“ bezeichnet. Daran hat sich nichts geändert.

Bezüglich der Kommune Berlin ist das nachzuvollziehen, denn Erzberger gehörte auf die politische Ebene der Reichspolitik, die von der Berliner Stadtpolitik weit entfernt war. Mit der Weimarer Demokratie beginnt die sich mehr und mehr formierende Kaste der Berufspolitiker, zu der auch Erzberger gehörte, immer mehr Teil der Berliner Gesellschaft zu werden. Auf der Reichsebene verkörperte Erzberger als Politiker die auch für die Stadt und ihre Menschen maßgeblichen Grundentscheidungen über Kriegsende, Friedensschluss und Parlamentarisierung, die in ihren Konsequenzen auch für die Stadt und ihre Bewohner ausschlaggebend waren. Dabei spielte auch die für Berlin unvorteilhafte Finanzreform des Reichsfinanzministers Erzberger eine Rolle. Die Berliner allerdings interessierten sich wenig für administrative Zuständigkeiten, und darum kümmerte sich ebenso wenig das Kulturleben. Und im Ausland war „Berlin“ ohnehin Synonym für die Reichsregierung und ihre Politik.

1918 abgestempelt: kolorierte Postkarte mit dem evangelischen Berliner Dom im Zentrum der evangelisch geprägten Stadt

Kultus ist der Kultur eng benachbart. An Erzberger und der in der Berliner Kommunalpolitik nur schwach vertretenen Zentrumspartei lässt sich etwas kulturgeschichtlich Belangvolles zeigen, das einen ins Auge fallenden Unterschied zu unserer Gegenwart bedeutet. Das Berlin der Zwischenkriegszeit ist trotz der fortschreitenden Säkularisierung noch stärker christlich-kirchlich grundiert als heute. Das ist die Voraussetzung einer scharfen Kirchen- und Religionskritik, die wiederum massive Reaktionen hervorruft. Generell sind die Milieus, einschließlich der der verschiedenen linken Arbeiterparteien, auch in Berlin noch stärker als heute prägend für das Sozialleben und für Wahlentscheidungen.

Kirche ist im Berlin der 1920er-Jahre nach wie vor „Stütze der Gesellschaft“. Geprägt ist die Stadt protestantisch. Erst 1930 wird Berlin eigenständiges katholisches Bistum. Bis dahin gehörte die Hauptstadt kirchenrechtlich zu Breslau. Im Jahr 1925 sind 76,6 Prozent der Berliner evangelisch, zehn Prozent katholisch, 4,3 Prozent jüdisch, ein Prozent zählt sich zu Sekten und 7,2 Prozent sind religionslos. Der Leipziger Kirchenhistoriker Klaus Fitschen schreibt in seiner 2017 erschienenen „Berliner Kirchengeschichte“, dass 1919 in Berlin mehr als 41 000 Menschen aus den Kirchen ausgetreten sind und dass in den folgenden Jahren stets über 30 000 Austritte pro Jahr zu verzeichnen waren: „Die Entkirchlichung setzte sich in der Zeit der Weimarer Republik nahtlos fort.“

Die Katholiken sind in Berlin also eine vergleichsweise kleine Minderheit, und folgerichtig ist auch ihre politische Repräsentanz, die Zentrumspartei, in der Stadtverordnetenversammlung nur mit einer kleinen Fraktion vertreten. Die Konfliktlinien, denen sich auf übergeordneter Ebene eine führende politische Figur wie Erzberger ausgesetzt sah, finden sich allerdings in der Stadtpolitik wieder. Als Wermuths Nachfolger, der promovierte Jurist, Verwaltungsbeamte und bereits langjährig als Stadtkämmerer für die Berliner Finanzen zuständige Gustav Böß am 20. Januar 1921 zum Oberbürgermeister gewählt wird, fällt seine Stimmenzahl in der Stadtverordnetenversammlung überraschend weit geringer aus als zunächst veranschlagt.

Der in Gießen geborene Böß war von einem der auf Reichsebene bestehenden „Weimarer Koalition“ entsprechenden Bündnis aus SPD, DDP, Zentrum und Wirtschaftspartei aufgestellt worden, aber zahlreiche Verordnete der deutschnationalen DNVP, der auch Erzbergers Gegner Helfferich angehörte, stimmten für den Gegenkandidaten der linksextremen USPD. Zur Motivation der Rechtskonservativen schreibt der Historiker Christian Engeli, es sei deren Absicht gewesen, „eine *regierungsfähige* Koalition zwischen Bürgerlichen und Sozialdemokraten zu verhindern.“

Der liberale, der DDP angehörende Böß ist das Stadtoberhaupt, das die „Hauptstadt der 1920er-Jahre“ in dieser Epoche auf kommunaler Ebene führt. Er amtiert annähernd das gesamte Jahrzehnt der 1920er-Jahre, von 1921 bis 1929. Dass Böß vor allem harte kommunalpolitische Arbeit leistete, illustrieren die Titel der drei breit diskutierten Schriften, die er im Amt veröffentlichte: *Die Not in Berlin* (1923), *Wege zum wirtschaftlichen Wiederaufstieg* (1926) und *Lebensnotwendigkeiten Berlins* (1927). Mit seinem Namen verbunden sind Schaffung und Bau u. a. von Post- und Mommsenstadion, von Messe Berlin und Flughafen Tempelhof und der Volkspark Jungfernheide mit seiner nach ihm benannten Freilichtbühne. Böß war ein kunstsinniger Mann: Ab 1924 veranstaltete er im Roten Rathaus Konzerte zur Förderung junger Musiker.

> Oberbürgermeister Gustav Böß leistete harte kommunalpolitische Arbeit.

Nach einem ganz ähnlichen Muster wie seinerzeit im Falle Erzbergers wurde auch das Ende der Amtszeit von Oberbürgermeister Böß propagandistisch begleitet und letztlich herbeigeführt. Die Gebrüder Sklarek hatten sich durch Bestechung und Betrug u. a. das Liefermonopol für Dienstkleidung der Stadtverwaltung verschafft und damit der Stadt einen Schaden in Höhe von zehn

Millionen Reichsmark zugefügt. Böß hatten die Brüder für den geringen Preis von 375 Reichsmark eine Pelzjacke für seine Frau verkauft. Er signalisierte den Sklareks, dass das viel zu wenig sei, und spendete deshalb 1000 Reichsmark für wohltätige Zwecke. Dies ergaben spätere Untersuchungen, ebenso, dass der Oberbürgermeister mit den kriminellen Machenschaften tatsächlich nichts zu tun hatte.

Gustav Böß (1873–1946), von 1921 bis 1929 Oberbürgermeister, gestaltete Berlin nahezu während des gesamten Jahrzehnts der 1920er-Jahre.

Aber der politische Schaden war da, zumal Böß zum Zeitpunkt der Enthüllungen auf Dienstreise in den USA weilte. Böß wurde zur Symbolfigur für die Korruption der Republik und die Korrumpierung der Demokratie stilisiert. Kommunisten, darunter der ehemalige Luxemburg-Mitarbeiter und spätere DDR-Präsident Wilhelm Pieck genauso wie Deutschnationale und Nationalsozialisten verunglimpften Gustav Böß und versuchten, den vom Gericht rehabilitierten Bürgermeister um einen ehrenhaften Abgang zu bringen. Auch das ist ein Beispiel für – wenn auch „nur“ verbale – politische Gewalt. Auch deswegen hat Engeli recht, wenn er feststellt, dass „vom Glanz der ‚goldenen‘ zwanziger Jahre nur wenig auf das Rote Rathaus“ gefallen sei.

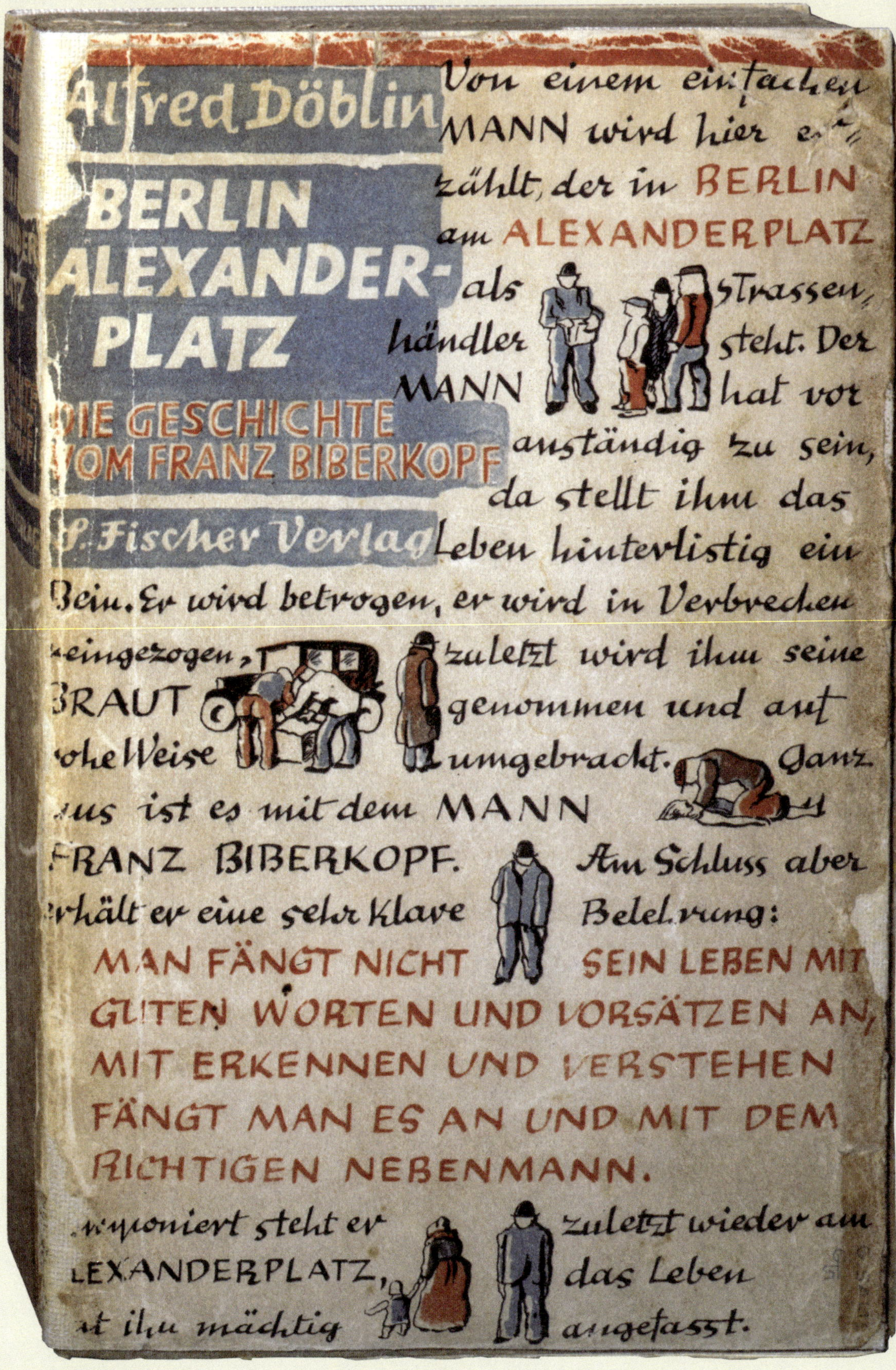
Alfred Döblin
BERLIN ALEXANDER-PLATZ
DIE GESCHICHTE VOM FRANZ BIBERKOPF
S. Fischer Verlag
Von einem einfachen MANN wird hier erzählt, der in BERLIN am ALEXANDERPLATZ als Strassenhändler steht. Der MANN hat vor anständig zu sein, da stellt ihm das Leben hinterlistig ein Bein. Er wird betrogen, er wird in Verbrechen hineingezogen, zuletzt wird ihm seine BRAUT genommen und auf rohe Weise umgebracht. Ganz aus ist es mit dem MANN FRANZ BIBERKOPF. Am Schluss aber erhält er eine sehr klare Belehrung:
MAN FÄNGT NICHT SEIN LEBEN MIT GUTEN WORTEN UND VORSÄTZEN AN, MIT ERKENNEN UND VERSTEHEN FÄNGT MAN ES AN UND MIT DEM RICHTIGEN NEBENMANN.
Ramponiert steht er zuletzt wieder am ALEXANDERPLATZ, das Leben hat ihn mächtig angefasst.

Berlin Alexanderplatz – Alfred Döblins Roman der Stadt

Der Kunde sieht in der Buchhandlung mit einem Blick auf den neuartig gestalteten Einband der Erstausgabe von 1929, worum es in dem Buch geht, und seine „Botschaft" wird in roten Großbuchstaben auch gleich mitgeliefert.

Im Falle Alfred Döblins ist die Berliner Erinnerungskultur weiter als im Falle von Matthias Erzberger. Seit 1978 gibt es in Kreuzberg den Alfred-Döblin-Platz. Damals lag der Platz direkt am Mauerstreifen, also eher am Rande. Gewidmet ist der Platz dem Arzt und Schriftsteller Alfred Bruno Döblin, der u. a. den Roman *Berlin Alexanderplatz* geschrieben hat. Anlass der Ehrung war sein 100. Geburtstag. In Marzahn im Ostteil der Stadt wurde dann 1980 in einem Neubaugebiet eine Straße nach ihm benannt; ebenfalls eher am Rand.

Berlin Alexanderplatz ist wahrscheinlich der für Döblin am wenigsten typische, aber dennoch sein erfolgreichster Roman. Wer kennt schon seine Bücher *Die drei Sprünge des Wang-lun. Ein chinesischer Roman* von 1916 oder *Wadzeks Kampf mit der Dampfturbine* von 1918 oder seinen im Krieg begonnenen *Wallenstein* von 1920 oder den 1924 erschienenen utopischen Roman *Berge, Meere und Giganten* mit der Schlachtensee-Poesie seiner *Zueignung*? Erst 1949/1950 brachte er das nahezu 2000 Seiten umfassende Erzählwerk *November 1918. Eine deutsche Revolution* heraus; es entfaltet die Geschichte von wenigen Wochen der Revolution vom 10. November 1918 bis zum 15. Januar 1919, dem Tag der Ermordung Rosa Luxemburgs und Karl Liebknechts. Im Herbst 2018 hat das Staatstheater Augsburg den Versuch unternommen, dieses weithin vergessene Opus Magnum in einer Bühnenfassung zu inszenieren.

Zwei deutsche Nobelpreisträger für Literatur sind sich in ihrem Urteil über Döblins Werk, wie es Klaus Schröter in seiner Döblin-Biografie dokumentiert, verblüffend einig. Der eher konservative Thomas Mann äußerte: „Es gibt sehr wenige Leute, die Döblins

Bücher zu Ende lesen können, aber sehr viele kaufen sie und allen steht irgendwie fest, daß Döblin ein großer Erzähler ist, obgleich sie einräumen müssen, daß es furchtbar schwer ist, ihm zuzuhören." Der linke Schriftsteller Günter Grass, der Döblin als Lehrer sah und einen nach ihm benannten Preis für unveröffentlichte Prosa gestiftet hat, schrieb: „Döblin lag nicht richtig. Er kam nicht an. Der progressiven Linken war er zu katholisch, den Katholiken zu anarchisch, den Moralisten versagte er handfeste Thesen, fürs Nachtprogramm zu unelegant, war er dem Schulfunk zu vulgär; weder der ‚Wallenstein' noch der ‚Giganten'-Roman ließen sich konsumieren; und der Emigrant Döblin wagte 1945 in ein Deutschland heimzukehren, das sich bald darauf dem Konsum verschrieb. Soweit die Marktlage: der Wert Döblin wurde und wird nicht notiert."

Grass: „Der Wert Döblin wurde und wird nicht notiert."

Döblin war von Beruf offiziell „Spezialarzt für Innere und Nervenkrankheiten, Frankfurter Allee 340". Früher erinnerte dort eine Büste an ihn, die seitlich des Kinos Kosmos auf einem Sockel gestanden hat. Am 8. Juli 2010 ging allerdings bei der Polizei eine Anzeige ein, der zufolge unbekannte, wahrscheinlich ausschließlich am Buntmetall interessierte Täter Döblins Kopf abgesägt und mitgenommen hatten. Eine Replik steht inzwischen schräg gegenüber sicher in der Bezirksbibliothek Pablo Neruda.

Der Standort der von dem Künstler Siegfried Wehrmeister geschaffenen Büste am Kino Kosmos verwies grob auf die Wohnadresse Döblins. Die Straßenflucht verläuft seit der Errichtung der Stalinallee-Bauten durch die DDR seit den 1950er-Jahren anders als damals, aber die Ecke stimmt. Michael Bienert, Autor des reich bebilderten Bandes *Döblins Berlin* aus dem Jahr 2017, stellt fest: „Der exakte Ort von Döblins Wohn- und Schreibstätte ist eine öde

Rasenfläche am Straßenrand. [...] Die Leere schreit förmlich nach einer robusten Markierung, die sie als Produktionsstätte von Weltliteratur kenntlich macht.“ Das stimmt.

Als Döblin Anfang 1919 mit seiner Frau und den beiden Söhnen Stefan und Klaus in die Frankfurter Allee zog, herrschte in Berlin Bürgerkrieg. Aufständische Arbeiter, Regierungstruppen und Freikorps bekämpften einander. Was ist das für ein Familienumzug, wenn ganz in der Nähe an Straßenbarrikaden und mit schwerem Geschütz um das Polizeipräsidium am Alexanderplatz gekämpft wird, wenn in Lichtenberg, in der entgegengesetzten Richtung entlang der Großen Frankfurter Straße und der Frankfurter Allee, geschossen wird?

Döblins Schwester Meta starb während der Märzkämpfe 1919, nachdem sie beim Milchholen ein Granatsplitter getroffen hatte. Er erinnerte sich später daran: „Ich war nicht weit von ihr in Lichtenberg und habe diesen Putsch und die grausigen, unerhörten, erschütternden Dinge der Eroberung Lichtenbergs durch die weißen Truppen miterlebt. Um dieselbe Zeit, wo in unserer Gegend die Granaten und Minenwerfer der Befreier ganze Häuser

Zerschossener und umgeknickter Straßenbaum in der Frankfurter Allee im Januar 1919: Während der Kämpfe war Familie Döblin hierher umgezogen.

Der Erfolgsautor: Alfred Döblin (1878–1957) auf einer kolorierten Porträtaufnahme von 1932

demolierten, wo viele in den Kellern saßen und dann, schrecklich, wo viele füsiliert wurden auf dem kleinen Lichtenberger Friedhof an der Möllendorfstraße – man muß die Leichen da vor der Schule gesehen haben, die Männer mit den Mützen vor dem Gesicht, um zu wissen, was Klassenhaß und Rachegeist ist – um dieselbe Zeit wurde im übrigen Berlin lustig getanzt, es gab Bälle und Zeitungen. Nichts regte sich, als alles dies in Lichtenberg geschah, und die vielen Zehntausend Arbeiter in Berlin blieben alle still."

Döblin war Kassenarzt in Friedrichshain, dem am dichtesten besiedelten Bezirk Berlins. Die Wohnung lag im Hochparterre des Gründerzeitbaus. Einer der Söhne Döblins erzählt später von Pferdestall, Kutschen und Lastwagen auf dem Hof. Unten war die Kohlenhandlung von Familie Walter. Laut Adressbuch wohnten durchgängig zwischen 1920 und 1931 Kutscher Mahlik, Justizrat Schiller, Rektor Lieschke und Kaufmann Kuhn im Haus. Sonst wohnten im Vorderhaus zeitweise auch eine Straßenbahnschaffnerin, ein Hausdiener, ein Zigarrenhändler, ein Gasarbeiter, ein Monteur, ein Werkzeugmacher, ein Tischler, ein Vogelhändler und mehrere Witwen. Arbeiter und Handwerker lebten im Seitenflügel und arbeiteten in den Remisen am Ende des Hofes.

Ganz sicher hatte der Mediziner in seinem Alltag mit diesen Menschen zu tun. Döblin hat sein Arztleben im Januar 1928 in der *Frankfurter Zeitung* beschrieben: „Mein Gebiet ist: Nerven- und Gemütsleiden; meine Patienten – ich wohne weit im Osten Berlins – gehören fast ausschließlich den Arbeiter- und kleinen Angestelltenkreisen an. Selten verirrt sich jemand aus den gehobenen Ständen zu mir. Und ich gestehe, nicht betrübt darüber zu sein." Sprechzeit hatte Doktor Döblin zwischen 16 und 18 Uhr. Zeitweise bot er zwischen 8 und 9 Uhr eine Vormittagssprechstunde an.

Döblin praktizierte in dem großen Zimmer mit Kachelofen, Bücherwand und Schreibtisch, in dem er auch literarisch produzierte. Für das Jahr 1925 verzeichnet sein erhaltenes Krankenbuch rund 2000 Patientenbesuche. Die anfallende Schreibarbeit machte er für die Unlust und Überlastung der Kassenärzte verantwortlich. Als Döblin in seinem Arbeitszimmer in der Frankfurter Allee am Manuskript seines literarisch bedeutendsten Romans *Berlin Alexanderplatz* arbeitete, dürften bei ihm die Wände durch den U-Bahn-Bau gewackelt haben. Die Dampframmen hämmerten dort zwischen 1927 und 1930 für die Linie U5, damals und auch später in der DDR-Zeit die Linie E, die Tunnelstützen in den Untergrund.

Das Buch erschien 1929 im S. Fischer Verlag mit dem Untertitel *Die Geschichte vom Franz Biberkopf*. Es zählt zu den Hauptwerken der deutschen literarischen Moderne. *Berlin Alexanderplatz* ist geradezu der Prototyp des Großstadtromans. Und *Berlin Alexanderplatz* ist ein markantes Porträt Berlins in den 1920er-Jahren.

Gut lässt sich vorstellen, wie Doktor Döblin, vielleicht kommt er zu Fuß von der Frankfurter Allee, über den Alexanderplatz geht. „Eine Handvoll Menschen um den Alex" heißt der Abschnitt zu Beginn des Vierten Buchs des Romans: „Am Alexanderplatz reißen sie den Damm auf für die Untergrundbahn. Man geht auf Brettern. Die Elektrischen fahren über den Platz die Alexanderstraße herauf durch die Münzstraße zum Rosenthaler Tor. Rechts und links sind Straßen. In den Straßen steht Haus bei Haus. Diese sind vom Keller bis zum Boden mit Menschen voll. Unten sind Läden. – Destillen, Restaurationen, Obst- und Gemüsehandel, Kolonialwaren und Feinkost, Fuhrgeschäft, Dekorationsmalerei, Anfertigung von Damenkonfektion, Mehl und Mühlenfabrikate, Autogarage, Feuersozietät: Vorzug der Kleinmotorspritze ist einfache Konstruktion, leichte Bedienung, geringes Gewicht, geringer Umfang. – Deutsche Volksgenossen, nie ist ein Volk schmählicher getäuscht worden, nie wurde eine Nation schmählicher, ungerechter betrogen als das deutsche Volk. Wißt ihr noch, wie Scheidemann am 9. November 1918 von der Fensterbrüstung des Reichstags uns Frieden, Freiheit und Brot versprach? Und wie hat man das Versprechen gehalten? – Kanalisationsartikel, Fensterreinigungsgesellschaft, Schlaf ist Medizin, Steiners Paradiesbett. – Buchhandlung, die Bibliothek des modernen Menschen, unsere Gesamtausgaben führender Dichter und Denker setzen sich zusammen zur Bibliothek des modernen Menschen. Es sind die großen Repräsentanten des europäischen Geisteslebens. – Das Mieterschutzgesetz ist ein Fetzen Papier. Die Mieten steigen

Cello-Solo und Klavier live ins Mikrofon: Das war das erste Stück der ersten regelmäßigen Radiosendung *Berliner Radio-Stunde* am 29. Oktober 1923 aus dem Vox-Haus.

ständig. Der gewerbliche Mittelstand wird auf das Pflaster gesetzt und auf diese Weise erdrosselt, der Gerichtsvollzieher hält reiche Ernte. Wir verlangen öffentliche Kredite bis zu 15 000 Mark an das Kleingewerbe, sofortiges Verbot aller Pfändungen bei Kleingewerbetreibenden."

So schildert Döblin Seite um Seite die Stadt Berlin. „Engelhardt-Karamelmalzbier" mit „Nährkraft" und „Bekömmlichkeit" wird der werdenden Mutter empfohlen, von Lebensversicherungen der „Rentenanstalt Zürich" ist die Rede, und natürlich – „Ich soll Sie schön grüßen" – von Möbeln: „Ihr Herz lacht! Ihr Herz lacht vor Freude, wenn Sie ein mit den berühmten Höffner-Möbeln ausgestattetes Heim besitzen."

Der Schriftsteller schaut in die Häuser, in so eins, in dem er auch wohnt.

Der Berliner Schriftsteller schaut in die Häuser, in so eins, in dem er auch wohnt, und erzählt die Geschichten der Bewohner: „Nebenan ein Dreher, um die Dreißig, hat einen kleinen Jungen, Stube und Küche, die Frau ist auch tot, Schwindsucht, er hustet auch, der Junge ist bei Tag und bei Nacht im Hort, abends holt ihn der Mann. Wenn der Junge schlafen gegangen ist, kocht sich der Mann seinen Naturtee, bastelt bis in die Nacht Radio, ist Obmann im Funkverein, kann nicht einschlafen, wenn die Schaltung nicht fertig geworden ist."

Die Schilderung der Wohnverhältnisse und des Berufsalltags des Autors Alfred Döblin illustriert, dass er in seinem literarischen Schaffen verarbeitet, was ihn im Alltag umgibt. Nebenbei bemerkt: Radiobastler ist Döblin auch gewesen. Das neue Medium faszinierte die Menschen. Die Worte, mit denen die erste offizielle deutsche Radiosendung am 29. Oktober 1923 aus dem Vox-Haus in Berlin begann, sind legendär: „Achtung! Hier ist Sendestelle

Berlin Voxhaus". Diese erste Sendung markierte den Beginn einer großen, diesmal technischen Revolution. Zum ersten Mal konnten in Deutschland Information und Unterhaltung, Musik und Geräusche direkt in die Wohnzimmer übertragen werden. Das Vox-Haus gehörte einer Schallplattenfirma, woher der Name kam, und lag in der Potsdamer Straße 10 nahe dem Potsdamer Platz im Bezirk Tiergarten; es existiert nicht mehr.

Berlin Alexanderplatz steht, so formuliert es wohl die Literaturwissenschaft, für die Poetisierung der Großstadt. Wichtiges Stilmittel dafür ist die Montagetechnik. Die zitierte Passage vom Alexanderplatz zeigt, wie dieses Werkzeug funktioniert. Die Schnelllebigkeit der Metropole, das Tempo – kein Zufall, dass oft Verkehrsmittel erwähnt werden –, die ständige Unruhe, die dauernde Veränderung – all das wird in Literatur übersetzt und damit Gegenstand von Literatur. Das ist in dieser Weise und in dieser Kunstfertigkeit neu. Berlin ist einer der wichtigen Kulturorte in Deutschland, in dem diese Kreativität in Formen gegossen wird.

Die Figur des Franz Biberkopf bot dem Publikum dieser Jahre ein hohes Identifikationspotenzial. Döblin fasste das Schicksal der zentralen Romangestalt für den Einband, der dem Leser die Fabel in kurzen Worten textlich präsentiert, kurz und prägnant zusammen:

Von einem einfachen Mann wird hier erzählt, der in BERLIN am ALEXANDERPLATZ als Strassenhändler steht. Der MANN hat vor anständig zu sein, da stellt ihm das Leben hinterlistig ein Bein. Er wird betrogen, er wird in Verbrechen reingezogen, zuletzt wird ihm seine BRAUT genommen und auf rohe Weise umgebracht. Ganz aus ist es mit dem MANN FRANZ BIBERKOPF.

Dieser Mann ist ein scheiternder Proletarier. Sosehr er sich bemüht, sich wieder aufzurappeln, er scheitert immer wieder. Es ist bezeichnend für die Epoche und erst recht für das Berlin dieser Zeit, dass gerade eine so tragische Sisyphus-Figur wesentlicher

Faktor für den Verkaufserfolg eines Buchs werden konnte. Andererseits steht allein schon der grafisch innovative und international Maßstäbe setzende Buchumschlag von *Berlin Alexanderplatz*, den der zeitweise in Berlin tätige Grafiker Georg Salter entworfen und gezeichnet hat, für das außerordentliche künstlerische Potenzial dieser Metropole. Nicht erst der Stoff wird Weltliteratur, sondern schon der Einband ist ganz neuartige große Kunst.

Alfred Döblin ist ein Zugewanderter. Geboren wurde er am 10. August 1878 in Stettin. Er ist das vierte Kind. Döblin stammt aus kleinen Verhältnissen, die geprägt sind von den Traditionen des osteuropäischen Judentums. Seine Eltern, Max und Sophie Döblin, kamen ursprünglich aus Posen bzw. aus dessen Umgebung. Die Ehe der Eltern zerbricht. Der Vater geht mit der Geliebten Henriette Zander nach New York. Das sind Erfahrungen, die den jüdischen Arzt ein Leben lang geprägt haben.

Und Berlin prägt ihn. Im Jahre 1888 kommt seine vom Ehemann verlassene Mutter mit den Kindern hierher. Die Stadt war bereits Zentrum der deutschen Industrie, des Handels, der Finanz, und in Berlin war die Hauptbörse des wilhelminischen Deutschland. Für den Berufsverkehr gibt es bereits ein Netz von Bahnen. Für Döblin ist und bleibt so auch die erste Stadtbahnfahrt nach der Ankunft aus Stettin das „Wunder“ der „fremden großen Stadt“. Er erinnert sich rückblickend: „Wir setzten uns in einen Zug auf einem hellen Bahnhof. Der fuhr ab, durch die Nacht, fuhr ein paar Minuten, dann hielt er, und – wir waren wieder auf demselben Bahnhof. Ich glaubte mich zu irren. Aber das Spiel wiederholte sich zwei-, dreimal [...]. Die Bahnhöfe sahen sich abends ähnlich in Berlin, besonders wenn man aus Stettin kommt. Wir waren von Friedrichstraße nach Jannowitzbrücke gefahren. Aber es war mir ein unvergeßbares Erlebnis [...].“

Die Fahrt ging damals, 1888, in der Nacht bis nach Stralau, wo die Mutter mit ihren Kindern die erste Wohnung hatte. Schon auf der Bahnfahrt von der Ostsee, berichtet Döblin später, sei die Gegend „sehr schlechtgemacht“ worden, „da sind viele Fabriken und Rauch“. Das war das Kennzeichen von „Berlin O“. Diesem Teil

Berlins ist Döblin sein Leben lang, und solange er in Berlin lebte, treu geblieben. Döblin emigrierte am Tag nach dem Reichstagsbrand. Seine Bücher wurden von den Nationalsozialisten auf dem heutigen Bebelplatz verbrannt. In der Emigration konvertierte er 1941 zum Katholizismus.

Er erinnert sich an die Zeit, als er und seine Angehörigen als Proletarier im Berliner Osten lebten: „Das schrecklichste Ding, das ich sah, heißt Wohnungsnot [...]. Bis zu meinem vierzehnten Jahr habe ich selbst im Osten der Stadt, in einer fensterlosen Kammer, in einem Bett zusammen mit meinem jüngeren Bruder geschlafen [...].“ Diese Schilderung bezieht sich auf den Berliner Osten der Kaiserzeit, also auf die Zeit vor dem Ersten Weltkrieg, aber sie passt genauso auf die Zeit nach dem Krieg.

Im Krieg war Döblin Militärarzt in Lazaretten im Elsass. Damit zählt Döblin zu den zahlreichen deutschen Juden, die in diesem Krieg mitgekämpft haben. Seine prägende Grunderfahrung ist jedoch die eines deutlich spürbaren staatsoffiziellen Antisemitismus. 1905, Schröter zitiert es, schreibt er über die Möglichkeit einer Verbeamtung, schränkt aber gleich ein: „[...] ich bin kein Arier [...].“ Später denkt er an eine Anstellung in einem Krankenhaus in Stettin. Es klappt nicht: „Er glaubt“, schreibt er später über sich selbst in der dritten Person, „seine Nase habe nicht gefallen.“

> Döblin erfährt einen spürbaren staatsoffiziellen Antisemitismus.

Bei Döblin in der Frankfurter Allee waren öfter Gäste, und dort wurden anspruchsvolle Debatten geführt. Solche Treffen gehörten zur Kultur Intellektueller. Der Schriftsteller und Psychologe Manès Sperber berichtet von Diskussionen mit dem marxistischen Soziologen Fritz Sternberg und dem Dichterkollegen Bertolt Brecht: „Brecht [...] dominierte unsere Abendgespräche nicht so sehr durch die Meinungen, die er vertrat, als durch seine Fragen; in der Tat drehte sich alles um Themen, die ihn

interessierten. Es war eine sonderbare Situation, die Döblin und Sternberg akzeptierten, als ob es selbstverständlich wäre."

Brecht sucht in der marxistischen Theorie die Basis für sein Schreiben und für seine Theaterarbeit. Döblin blieb demgegenüber skeptisch: „[...] es kann aus dem mörderisch geschärften Klassenkampf Gerechtigkeit, aber kein Sozialismus hervorgehen." Döblin lehnte den Kapitalismus ab, hatte das Elend im Berliner Osten vor Augen und sympathisierte mit dem Kampf der Arbeiter für soziale Gerechtigkeit. Aber er lehnte die Gewalt ab, die für ihn nicht geeignet war, die sozialistische Utopie einer freieren, toleranteren und friedlicheren Gesellschaft zu verwirklichen.

Die Diskussionen wurden auch zu Hause bei Brecht fortgesetzt. Der allerdings hatte sich im sogenannten „vornehmen" Berliner Westen niedergelassen, in der Atelierwohnung mit Helene Weigel in der Spichernstraße 16 in Wilmersdorf.

Landsberger Straße, eine Stube unterm Dach, ein winziges Fenster, fünf Personen: Dieses Foto von 1919/20 dokumentiert die Berliner Wohnungsnot nach dem Ersten Weltkrieg.

Trommeln in der Nacht – Bertolt Brechts Durchbruch in Berlin

Bertolt Brecht ist zweifellos einer der konsequentesten Kritiker des Bürgertums, der Klasse, die Marxisten „Bourgeoisie" nennen. Es ist bezeichnend, dass er mit Augsburg aus einer Stadt kommt, die in seiner Jugend Zentrum bürgerlichen Selbstbewusstseins und biederen, ehrbaren Gewerbefleißes gewesen ist, die wegen der Bankhäuser der Fugger und Welser auf eine große weltgeschichtliche Bedeutung im Zeitalter des Frühkapitalismus zurückblicken konnte, wie seine Biografin Marianne Kesting anmerkt. Noch dazu stammt Brecht aus einem gut situierten bürgerlichen Elternhaus. Seine Herkunft beschreibt er selber später in dem Gedicht *Verjagt aus gutem Grund* so:

Bertolt Brecht (1898–1956) inszeniert sich gerne. Auf diesem Gemälde von Rudolf Schlichter aus dem Jahr 1926 steht er lässig in Lederjacke, die Zigarre in der Hand vor einem Automobil.

Ich bin aufgewachsen als Sohn
Wohlhabender Leute. Meine Eltern haben mir
Einen Kragen umgebunden und mich erzogen
In den Gewohnheiten des Bedientwerdens
Und unterrichtet in der Kunst des Befehlens. Aber
Als ich erwachsen war und um mich sah,
Gefielen mir die Leute meiner Klasse nicht.
Nicht das Befehlen und nicht das Bedientwerden.
Und ich verließ meine Klasse und gesellte mich
Zu den geringen Leuten.

Wichtig zu vermerken: Der junge Brecht, geboren am 10. Februar 1898 als Eugen Berthold Friedrich Brecht, ist zunächst keineswegs marxistisch oder kommunistisch orientiert. Inwieweit er auch im späteren Leben als Staatsdichter der DDR trotz aller Ehrbezeugungen gegenüber dem Stalinismus linientreu gewesen ist, man denke an sein Gedicht zum 17. Juni 1953, muss hier nicht interessieren. Zu fragen bleibt, inwieweit sein autobiografisches Gedicht von einem tatsächlich und nachhaltig vollzogenen Wandel seiner anerzogenen Prägung berichtet.

Eine Auseinandersetzung mit Karl Marx und Wladimir I. Lenin nimmt Brecht erst nach seiner endgültigen Ankunft in Berlin im Jahre 1924 auf. Für Brecht, der zunächst ein Medizinstudium beginnt und im Weltkrieg wie Döblin Lazarettdienst leistet, ist die erste künstlerische Etappe München. In Schwabing gewinnt er u. a. die Freundschaft des Komikers Karl Valentin. Zeitlebens und von Beginn an ist die große Stadt ein wichtiges Thema des Dichters Brecht. Sie trägt in seinem Werk immer wieder andere, unterschiedliche Namen: London, Sezuan, Mahagonny und Babylon oder auch Sodom und Gomorrha. 1934 dichtet er:

Die Stadt Sodom und Gomorrha
Denkt ihr euch am besten ganz wie unsere Städte.
So wie unsre Stadt Berlin und unser London.

An diesem Beispiel zeigt sich ein Kunstgriff seiner literarischen Arbeit – das Werkzeug heißt Verfremdung. Das ist ein anderes Darstellen als im Realismus des naturalistischen Theaters wie zum Beispiel in Gerhart Hauptmanns *Der Biberpelz*. Die große Stadt ist bei Brecht oft namenlos, nur ein anonymer Schauplatz des Geschehens. Sie steht für Entfremdung, Ausbeutung, Klassenkampf. Als junger Mann nennt er Berlin „das kalte Chicago". Dabei hatte er 1921 noch keine einzige amerikanische Stadt gesehen; das geschieht erst in der Emigration. Auch Brecht flieht vor der nationalsozialistischen Verfolgung. Bis dahin ist seine gesamte Großstadterfahrung zugleich Berlin-Erfahrung. Allerdings: Sein Gleichsetzen mit Chicago weist auf die Tatsache hin, dass sich Berlin in den 1920er-Jahren rühmte, die amerikanischste Stadt Deutschlands zu sein. Amerika und die Amerikaner waren sehr präsent. Der junge Brecht ist Provinzler. Er weiß: Wer Berlin erobert, der erobert Deutschland und vielleicht die Welt. Erfolge in der Provinz, zumal auf den Brettern des Theaters, zählen nicht viel, wenn ihnen nicht der Ruf in die Metropole folgt. Deshalb will er sich auf eigene Faust einen Namen in der Hauptstadt machen.

Im Februar 1920 reist er das erste Mal nach Berlin. Er will mit Verlagen und Theatern verhandeln. Fasziniert ist Brecht von dem „ungeheuren Häuserhaufen, dem Tohuwabohu der Autos", von den U-Bahnen und den Warenhäusern. Im Februar 1920 schreibt er in einem Brief: „Alles ist schrecklich überfüllt von Geschmacklosigkeiten, aber in was für einem Format, Kind!" Folgender Satz bringt es auf den Punkt: „Ich liebe Berlin, aber m.b.H." – also: mit beschränkter Haftung. Schon die schiere flächenmäßige Ausdehnung ist ihm der Rede wert: „In dieser Stadt kommt man zu gar nichts, weil die Entfernungen so groß sind. Wenn man in ein Theater will, muß man in seiner Jugend aufbrechen, um im Silberhaar dort zu sein." Dies alles sind Aussagen über seine erste Begegnung mit Berlin. Bis er sich endgültig niederlassen kann, wird er noch neun Reisen in die Hauptstadt machen.

Brechts Äußeres ist schon in diesen ersten Berliner Jahren inszeniert. Er hat ein scharf geschnittenes Gesicht, tief liegende Augen, ist kurz geschoren, hat immer eine Zigarre im Mundwinkel, er trägt Ledermütze, Monteurjacke, Sporthemd. Die Beschreibung des aus Prag nach Berlin gekommenen Literaten Willy Haas ist fast schon Karikatur: „Das Seltsamste: eine schäbige kleine Drahtbrille, wie man sie in Berlin gar nicht mehr bekam. Sie hätte zu einem Schulmagister in Wunsiedel gepaßt. Mit großer Sorgfalt zog er sie aus einem Futteral, wenn er lesen wollte, putzte sie, stülpte sie sich über die Ohren und versorgte sie nachher ebenso sorgfältig wieder in seine Brusttasche."

Brecht war recht bald umgeben von einer Schar Anhänger. Er brauchte die ununterbrochene Debatte. So entsprach es auch seinem sogenannten kollektiven Regiestil: Am Ende bestimmte er. So erzählt es sein früher Berliner Freund und Förderer, der Dichter Arnolt Bronnen: „Brecht spazierte, behaglich an seiner Zigarre schmauchend durchs Zimmer, hörte sich dabei Argumente und Gegenargumente von Dutzenden von Leuten an, witzelte, zwinkerte und blieb doch unbeirrbar auf seiner Linie.“ Ganz ähnlich hatte sich das bei Manès Sperber bezüglich der Gespräche bei Döblin in der Frankfurter Allee angehört.

So war es auch, in Bronnens Schilderung, bei einer der ersten Regiearbeiten Brechts, wo er es mit niemand Geringerem als mit Heinrich George zu tun hatte, der dann 1931 in der Verfilmung von *Berlin Alexanderplatz* den Biberkopf spielte. Bronnen erzählt über Brecht und George: „Ich [...] erschauerte, wenn da oben der gerad den höchsten Ruhmes-Gipfeln zujagende George stand und meine Worte sprach. Doch Brecht trieb den keuchenden, japsenden Koloß von der Rampe, zerhackte unerbittlich jedes nur expressiv herausgeschleuderte, aber nicht vorgedachte, vorartikulierte Wort. [...] Das ging so Probe für Probe und bei jeder Probe waren sich die Beteiligten klar, dass es die letzte gewesen wäre.“ Inzwischen muss das Theater die angekündigte Premiere mehrfach verschieben, „aber dann war es endgültig aus. In einem letzten großen Tumult wirbelte George seine Rolle von der Bühne bis in die fünfzehnte Reihe hinunter, und die Straub ging mit Weinkrämpfen ab. Brecht gratulierte mir mit jenem Sarkasmus, der immer einen Triumph bei ihm verschleierte: ‚Mit denen wäre es nie etwas geworden.‘“ Heinrich George und Agnes Straub, das waren prominente und auch physisch gewichtige Schauspielerpersönlichkeiten in Berlin, und Bronnen schreibt:

„Doch Brecht trieb den keuchenden, japsenden Koloß von der Rampe.“

„[…] und herein kam dieser dünne, kaum mittelgroße Augsburger und sagte ihnen dürr und präzise artikulierend, daß alles, was sie machten Sch[…] wäre."

Bei all dem darf allerdings nicht übersehen werden, dass in diesen Beschreibungen des jungen Brecht in Berlin auch ein Stück weit Berlinische Herablassung spürbar ist: Anhand einer Brille auf einen „Schulmagister aus Wunsiedel" zu kommen, das spricht Bände in Hinblick auf die Unvoreingenommenheit der Hauptstädter.

Niederlassen kann sich Brecht 1924 in Berlin, nachdem ihm der befreundete Regisseur Erich Engel eine Anstellung als Dramaturg am Deutschen Theater besorgt hat, an dem zur gleichen Zeit Carl Zuckmayer anfängt. Dort lernt Brecht Helene Weigel kennen, die er später heiraten wird. Sie hilft ihm mit der Wohnung in der Spichernstraße. Aber sich als Großstädter neu zu erfinden, das ist dem Augsburger, dessen Schwäbisch zunächst noch durchklingt, schon zuvor gelungen. 1922 dichtete der große Lyriker Brecht:

Bevorzugte Monokel: Der Autor und Theatermann Arnolt Bronnen (1895–1959) war lebenslang Brechts Freund und wurde im Dritten Reich Programmleiter des ersten deutschen TV-Senders *Paul Nipkow*.

In der Asphaltstadt bin ich daheim. Seit vielen Jahren
Lebe ich dort als ein Mann, der die Städte kennt
Zwischen Zeitungen mit Tabak und Branntwein
Mißtrauisch und faul und zufrieden am End.

Brecht wird ab Mitte der 1920er-Jahre zu einem der prominentesten Vertreter einer modernen Großstadtliteratur. Konservative und völkische Kritiker und die Nationalsozialisten, auf deren Verhaftungsliste er schon 1923 in München beim Hitler-Putsch stand, denunzieren und bekämpfen ihn als „Asphaltliteraten".

Brecht hat sich der Berliner Bohème angepasst, ist „cool" und betreibt seinen Erfolg, dessen großer Höhepunkt 1928 die *Dreigroschenoper* ist. Aber er weiß im Erinnern an Aufstieg und Durchbruch auch um dessen Fragwürdigkeit. In diesen sich selbst sehr reflektierenden Brechtschen Versen weht der Windhauch aus dem alttestamentlichen Buch Kohelet:

Von diesen Städten wird bleiben: der durch sie hindurchging, der Wind!
Fröhlich machet das Haus den Esser: er leert es.
Wir wissen, daß wir Vorläufiges sind
Und nach uns wird kommen: nichts Nennenswertes.

Bei den Erdbeben, die kommen werden, werde ich hoffentlich
Meine Virginia nicht ausgehen lassen durch Bitterkeit
Ich, Bertolt Brecht, in die Asphaltstädte verschlagen
Aus den schwarzen Wäldern in meiner Mutter in früher Zeit.

Den Durchbruch in Berlin verdankt Brecht seinem nach *Baal* zweiten Theaterstück. Das Drama entstand in einer ersten, nicht mehr erhaltenen Fassung im Februar 1919, damals noch unter dem Titel *Spartakus*. Es ist eng mit den revolutionären Kämpfen in Deutschland 1918/19 verknüpft, die aber nicht mehr sind als der historische Hintergrund. Der zu dieser Zeit in erster Linie als Dramatiker in München bekannte Lion Feuchtwanger äußerte sich im März 1919 begeistert: „Er ist ein Genie." Brecht entschied sich auf einen Rat von Marta Feuchtwanger hin für den neuen Titel *Trommeln in der Nacht*. Das Stück hatte es schwer, aufgeführt zu werden, Brecht hat es zunächst mehrfach vergeblich überarbeitet.

Der Erfolg kommt noch in Bayern: Am 29. September 1922 wird das Stück in den Münchner Kammerspielen uraufgeführt, und damit ist *Trommeln in der Nacht* das erste überhaupt aufgeführte Stück Brechts. Im Zuschauerraum hingen Plakate mit Aufschriften wie „Glotzt nicht so romantisch" oder „Jeder Mann ist der beste in seiner Haut". Zu den Premierengästen gehörte Karl Valentin. Der aus Berlin angereiste Theaterkritiker Herbert Ihering schrieb am 5. Oktober 1922 im *Berliner Börsen-Courier*: „Der vierundzwanzigjährige Dichter Bert Brecht hat über Nacht das dichterische Antlitz Deutschlands verändert." So zitiert ihn Wolfgang M. Schwiedrzik in seinem Materialband zum Stück von 1996. Ihering war es auch, der Brecht für den renommierten Kleist-Preis vorschlug, mit dem der Dichter am 21. November 1922 ausgezeichnet wurde.

Mackie Messer am Galgen: Schlussszene der am 31. August 1928 uraufgeführten *Dreigroschenoper* mit (v. l.) Erich Ponto, Roma Bahn, Harald Paulsen und Kurt Gerron

Bereits am 20. Dezember 1922 hatte das Stück auch am Deutschen Theater in Berlin Premiere. Das Drama war in der Hauptstadt allerdings ein Misserfolg und wurde schon nach wenigen Wochen abgesetzt. Der Durchbruch Brechts in Berlin, so darf man pointiert formulieren, begann damit, dass sein erstaufgeführtes Stück in der Hauptstadt durchfiel. Immerhin: *Trommeln in der Nacht* spielt in Berlin. Was war Grund des Misserfolgs, und worum geht es in *Trommeln in der Nacht*? Eine ungefähre Antwort auf beide Fragen gibt

Pappschirme und Zimmerwände, dahinter eine Stadt kindlich aufgemalt, oben der Mond; Szenenbild von der Uraufführung von *Trommeln in der Nacht* in München am 29. September 1922

Alfred Döblin in einer Kritik vom 24. Dezember 1922: „Die Fabel des Stückes zu erzählen ist schwer; es ist eine kleine da, die bei der Aufführung nicht recht deutlich wurde. Ein Soldat, Andreas Kragler, kommt nach langer Gefangenschaft aus dem Krieg; seine Braut, von ihrem Verlobten Friedrich Murk in anderen Umständen, hat ihn bis zuletzt erwartet; am Verlobungsabend kommt er. Ihre Eltern, die Balickes, wollen nur den zahlungsfähigen Draufgänger und Schieber Friedrich Murk. Weiter kann ich schlecht erzählen. Andreas will seine Braut; vom zweiten Akt ab geht der Kampf, sie will ihn, will ihn nicht; er besäuft sich; es geht draußen die Spartakusrevolte im Zeitungsviertel vor sich, Andreas greift nicht ein; er zieht zum Schluß mit der Anna Balicke ab."

Das Bühnenbild war ungewöhnlich. Aus der *Glosse für die Bühne*, also aus der Regieanweisung, geht u. a. dies hervor: „Hinter den etwa zwei Meter hohen Pappschirmen, die Zimmerwände darstellen, war die große Stadt in kindlicher Weise aufgemalt. Jeweils einige Sekunden vor dem Auftauchen Kraglers glühte der Mond auf. Die Geräusche wurden dünn angedeutet. Die Marseillaise wurde im letzten Akt von *Trommeln in der Nacht* durch ein Grammophon gespielt."

Um einen Eindruck zu vermitteln, folgen einige Passagen aus dem Ersten Akt unter der Überschrift „Bei Balickes":

„*BALICKE* hebt sein Glas: *Das Wohl des Brautpaars!* Anstoßend: *Die Zeiten sind unsicher. Der Krieg ist zu Ende. Das Schweinefleisch ist zu fett, Amalie! Die Demobilisation schwemmt Unordnung, Gier, viehische Entmenschung in die Oase friedlicher Arbeit.*
MURK: An Geschosskörben, prost! Prost, Anna!
BALICKE: Unsichere Existenzen mehren sich, dunkle Ehrenmänner. Die Regierung bekämpft zu lau die Aasgeier des Umsturzes. Entfaltet ein Zeitungsblatt. *Die aufgepeitschten Massen sind ohne Ideale. Das Schlimmste aber, ich kann es hier sagen, sind die Frontsoldaten, verwilderte, verlotterte, der Arbeit entwöhnte Abenteurer, denen nichts mehr heilig ist. Wahrhaftig eine schwere Zeit, ein Mann ist da Goldes wert, Anna. Halte dich fest an ihn. Seht, daß ihr drüber hinauskommt, aber immer zu zweit, immer drüber hinaus, prost!*
Er zieht ein Grammophon auf.
MURK trocknet sich den Schweiß ab: *Bravo! Was ein Mann ist, kommt durch. Ellenbögen muß man haben und ein Gesicht und nicht hinabschauen. Warum nicht, Anna! Ich bin auch von unten. Laufjunge, mechanische Werkstätte, hier ein Kniff, dort ein Kniff, hier was gelernt, dort was. Unser ganzes Deutschland ist so heraufgekommen! Nicht immer Handschuhe an den Händen, aber harte Arbeit immer, weiß Gott! Jetzt oben! Prost, Anna!*
Das Grammophon spielt ‚Ich bete an die Macht der Liebe'."

Im weiteren Gespräch erfährt das Publikum, dass Schwiegervater und Schwiegersohn schon an einer gemeinsamen Fabrik planen, ausgerechnet Kinderwagen soll sie produzieren. Da kommt der Journalist Babusch, und es unterbricht das

„*DIENSTMÄDCHEN: Der Herr Babusch, Herr Balicke!*
BABUSCH trottelt herein: *Kinder, ihr seid gut verschanzt vor dem roten Hexensabbat! Spartakus mobilisiert. Die Verhandlungen sind abgebrochen. In 24 Stunden Artilleriefeuer über Berlin!*"

Schauplatz ist also Berlin, aber davon ist im Text ursprünglich selten die Rede; meistens wird die Chiffre „Zeitungsviertel" verwendet. Anfang der 1950er-Jahre hat Brecht den Text erneut verändert, als der westdeutsche Suhrkamp Verlag eine Ausgabe der frühen Stücke plante. Jetzt stellte Brecht die Handlung eindeutig in den Zusammenhang der Berliner Kämpfe im Verlauf des Januaraufstands und er ergänzte zahlreiche Berliner Details.

Die Kritik, die in Döblins Zusammenfassung anklingt, ähnelt der Selbsteinschätzung des alten Brecht. Unter seinen frühen Stücken sei *Trommeln in der Nacht* das „zwieschlächtigste". Der Dichter formuliert 1954: „Die Auflehnung gegen eine zu verwerfende literarische Konvention führte hier beinahe zur Verwerfung einer großen sozialen Auflehnung. Die ‚normale' d. h. konventionelle Führung der Fabel hätte dem aus dem Krieg kehrenden Soldaten, der sich der Revolution anschließt, weil sein Mädchen sich anderweitig verlobt hat, entweder das Mädchen zurückgegeben oder endgültig verweigert, in beiden Fällen jedoch den Soldaten in der Revolution belassen. In ‚Trommeln in der Nacht' bekommt der Soldat Kragler sein Mädchen zurück, wenn auch ‚beschädigt', und kehrt der Revolution den Rücken. Dies erscheint geradezu die schäbigste aller möglichen Varianten, zumal da auch noch eine Zustimmung des Stückeschreibers geahnt werden kann."

> Es ist das „zwieschlächtigste" unter seinen frühen Stücken.

Damals allerdings, 1922, stand für den jungen Brecht des Anfangs als Dramatiker, der sich für ihn nirgendwo anders hatte vollziehen lassen als in Berlin, eine andere, sehr persönliche Dimension vermutlich mehr als nur im Hintergrund. Wie im Stück, so spielte auch im Leben eine für den jungen Mann überraschende und ungeplante Schwangerschaft eine Rolle.

Am 24. Mai 1954 sitzt Brecht im Wagen unterwegs von seinem Haus in Buckow nach Berlin und beantwortet die Anfrage der Zeitschrift *Tribüne* nach seinem vermeintlich „schwierigen Anfang“ als Schriftsteller so: „Ich habe angefangen zu schreiben, weil ein sehr junges Mädchen von mir ein Kind erwartete und ich unbedingt Geld brauchte. Ich beschloß, einen Reißer zu schreiben unter dem Titel ‚Spartakus‘. Das Stück ‚Trommeln in der Nacht‘ brachte mir 1. den Kleistpreis und 2. eine Rente von einem großen Verlag für zwei Jahre. Mein Anfang war alles andere als schwierig.“

Vater und Tochter: Im Mai 1926 war Hanne (1923–2009) drei Jahre alt. Brecht trägt die Lederjacke, in der ihn Schlichter gemalt hat (vgl. S. 64).

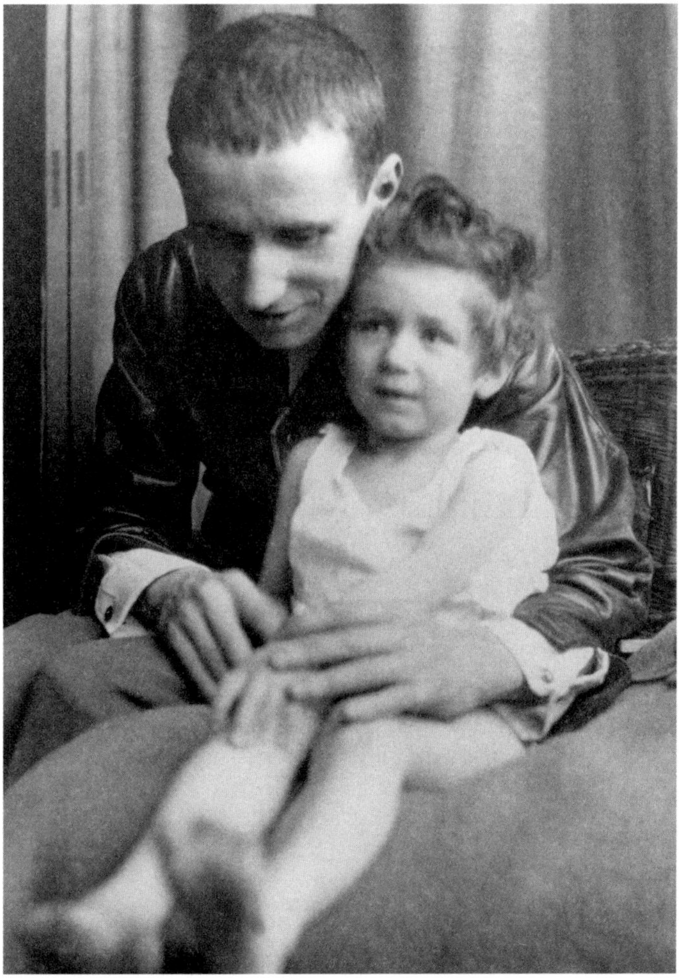

Wir haben gesehen: Für Münchner Verhältnisse war das Stück zwar ein „Reißer“, in Berlin allerdings nicht. Das „sehr junge Mädchen“ ist Marianne Zoff. Brecht heiratet sie einen guten Monat nach der Münchner Uraufführung, und – gut fünf Monate später – am 12. März 1923 wird Tochter Hanne Marianne geboren. Sie wird unter ihrem Ehenamen Hanne Hiob eine große deutsche Schauspielerin. Ihre Urne wurde am 21. Juli 2009 am Fußende des gemeinsamen Grabes ihres Vaters und Helene Weigels auf dem Dorotheenstädtischen Friedhof in Berlin-Mitte bestattet.

In den 1920er-Jahren war Berlin die internatio-

nal führende Metropole des Theaters. Der Augsburger Anfänger Bertolt Brecht hatte sich bewusst entschieden, nirgendwo anders seine Karriere zu beginnen. Er behauptete sich und wurde rasch eine prägende Persönlichkeit der Theaterstadt Berlin, die so reich an großen und bis heute unvergesslichen Namen gewesen ist. Max Reinhardt beispielsweise arbeitete schon lange vor dem Weltkrieg an der Spree. Ihn darf man getrost mit Bezug auf seine unternehmerische Seite den Berliner Theater-Tycoon nennen. In seinen besten Zeiten hatte er elf Häuser in seiner Regie.

Die Zapfendecke machte das Große Schauspielhaus für die schnodderigen Berliner zur „Tropfsteinhöhle“: Hans Poelzig (1869–1936) brachte der Umbau von 1918/19 international Ansehen.

Das Deutsche Theater, das Brecht anstellte, war bis 1933 eine der Reinhardt-Bühnen in der Stadt, zu denen auch das Große Schauspielhaus, der spätere Friedrichstadt-Palast, gehörte, das der Architekt Hans Poelzig mit einem einzigartigen, durch Stalaktiten-Decken gestalteten Innenraum ausgestattet hatte. Ab 1924 leitet Reinhardt für einige Jahre Theater und Komödie am Kurfürstendamm, wo unter seiner Direktion die Oper *Aufstieg und Fall der Stadt Mahagonny* von Bertolt Brecht und Kurt Weill ihre Berliner Erstaufführung erlebt.

Die andere ganz große Gestalt der Theaterstadt Berlin ist Leopold Jessner, der 1919 aus Königsberg gekommen war, das expressionistische Theater förderte und das soeben umbenannte Preußische Staatstheater am Gendarmenmarkt übernahm, das heutige Konzerthaus Berlin. Hinzu kam bald das Schillertheater in Charlottenburg. Im Preußischen Staatstheater gibt Gustaf Gründgens in der Spielzeit 1932/33, schon nach der Intendanz Jessners, den Mephisto in Goethes *Faust*. Als Theaterleiter und Regisseur setzt Gründgens den Hauptakzent auf werkgetreue, Zeile für Zeile inszenierte Klassiker und ist damit ein Widerpart des modernen, stark experimentellen Berliner Theaters. So bringt er sein Credo 1963 kurz vor seinem Tod im Interview mit Günter Gaus zum Ausdruck. In der Rolle des Mephisto „entdeckte" ihn Hermann Göring, und Gründgens' Aufstieg unter dem Nationalsozialismus als Protegé des preußischen Ministerpräsidenten Göring wurde der Stoff für Klaus Manns *Roman einer Karriere* von 1936 mit dem Titel *Mephisto*, dessen Hauptfigur Hendrik Höfgen heißt.

Der Dramatiker Carl Zuckmayer, der in seinen *Erinnerungen* von 1966 mit dem Titel *Als wär's ein Stück von mir* schreibt, es habe sich in Kunst und Kultur, vor allem aber im Theater zuerst gezeigt, wie „Berlin in wenigen Jahren zur interessantesten, erregendsten Stadt Europas" wurde, war selbst mittendrin in diesem „stürmischen Aufschwung". Seine rückblickende Beschreibung der Theaterstadt Berlin zeigt ihren exzeptionellen Rang in den 1920er-Jahren: „Die Bühnen überboten einander in glänzenden, sensationellen, wagemutigen Aufführungen, eine Generation außerordentlicher Schauspieler, bedeutender Regisseure war am Werk, und über eine Flut von Schmockerei und Bluff triumphierte immer wieder das Talent und die Leistung."

Die Institution Theater aber bekommt schon Ende der 1920er-Jahre einen mächtigen Konkurrenten, der den Häusern auch in Berlin schwer zu schaffen macht: Der Tonfilm und mit ihm die neuen, teils gigantischen Lichtspielhäuser treten auf den Plan, und Berlin kann sich dem durch diesen neuen Publikumsmagneten bedingten Theatersterben nicht entziehen.

LICHTBURG
E A DUPONTS TONFILM ATLANTIC
UND VARIETE ATTRAKTIONEN
DREI
3½ 6 8¾

„Lichtburg“ und „Gartenstadt Atlantic“ – Der jüdische Unternehmer Karl Wolffsohn

Nächtliche Lichtästhetik des 1999 Plätze fassenden Lichtspielhauses „Lichtburg“ am Gesundbrunnen: Der von Rudolf Fränkel (1901–1974) entworfene Bau eröffnete am 25. Dezember 1929 und ist Herzstück seiner „Gartenstadt Atlantic“.

Berlin ist in den 1920er-Jahren in seiner baulichen Gestalt noch immer eine Stadt des 19. Jahrhunderts. Die repräsentativen Staatsbauten ragen nach wie vor heraus. Der Reichstag ist Zentrum der nationalen Politik wie heute auch wieder. Das Schloss mit seiner Kuppel, das im 21. Jahrhundert wieder aufgebaut wird, beherrscht architektonisch das alte Zentrum. Zu den Staatsbauten gehört der in der Berliner Republik erneut zur zeremoniellen Staatskirche avancierte Berliner Dom der Hohenzollern, den das preußische Königshaus als protestantische Entsprechung zum Petersdom verstand. In dieses bauliche Ensemble gehört auch das Rote Rathaus als Sitz des Oberbürgermeisters von Berlin. Und da ist die Prachtstraße Unter den Linden, die zum Brandenburger Tor führt, mit der Berliner Universität.

Sonst sind es die endlos langen Straßen im Häusermeer mit gleichförmigen Mietshausfassaden, dazwischen Kirchenbauten, oft in die Fassadenverläufe eingepasst. Das ist typisch Berlin. Die großen Bahnhöfe und Industriebetriebe spiegeln den Aufstieg zur Wirtschaftsmetropole. An der Peripherie vorzüglich im Westen, weil die Luft bei der vorherrschenden Westwindlage dort meistens besser ist, liegen die Villenkolonien der wohlhabenden Schichten.

Die Millionenstadt muss versorgt werden. Deswegen braucht es Markthallen und den ausgedehnten Zentralvieh- und Schlachthof an der Landsberger Allee. Berlin hat zahlreiche Pumpwerke für die Kanalisation und riesige Gaswerke. Eines davon lag auf dem Areal in Prenzlauer Berg, wo immer noch der Boden entgiftet werden muss und wo das überdimensionale DDR-Denkmal für Ernst Thälmann mit der geballten Faust steht, der ab 1925 Vorsitzender der KPD war und den Roten Frontkämpferbund führte.

Wichtige Schlagworte der Baupolitik der 1920er-Jahre in Berlin sind „Neue Sachlichkeit“, „Neues Bauen“, „Neues Berlin“. Die dem zugrunde liegenden Tendenzen sind schon in der Kaiserzeit diskutiert worden, in Teilen wurden schon erste Schritte zur Umsetzung getan, aber der Krieg hat die Entwicklung unterbrochen, die sich nach 1918 und mit der ersten wirtschaftlichen Stabilisierung nach der Inflation 1923 wieder verstärkt fortsetzt. Obwohl es seinen Sitz zunächst in Dessau hatte, muss das Bauhaus mindestens als Stichwort erwähnt werden, in dessen Gründungsmanifest von 1919 der in Berlin geborene Architekt Walter Gropius diesen doppelsinnigen Satz schrieb: „Erschaffen wir gemeinsam den neuen Bau der Zukunft.“ Dabei meinte er die Zukunft an sich. Alles sollte radikal neu gedacht werden – in der Baukunst, aber auch in der Gesellschaft.

„Neue Sachlichkeit“ „Neues Bauen“ „Neues Berlin“

Einflussreichster Manager des Neuen Bauens in Berlin war der Sozialdemokrat Martin Wagner. Er leitete seit 1920 den Verband sozialer Baubetriebe und war von 1926 bis 1933 Groß-Berliner Stadtrat für Hochbau und Stadtplanung. Preußisch und wilhelminisch war Berlin, demokratisch und weltstädtisch sollte es werden. Zur Verwirklichung seines städtebaulichen Leitbilds zählte für den Bauexperten Wagner der fließende Verkehr in seinen zunehmenden Dimensionen ebenso wie Hochhäuser und moderne Siedlungen, verbunden mit der nötigen Infrastruktur wie zeitgemäßen Schulkomplexen und Freizeitanlagen. So leitete der Stadtbaurat auch persönlich den Bau des Strandbads Wannsee in den Jahren 1929/30. Auch die wirtschaftlichen Belange brachte er in sein Konzept ein, denn ebenso wie für Oberbürgermeister Gustav Böß gehörte in die moderne Metropole auch für Wagner ein attraktives Messegelände.

Kiefernstämme, Sand und Strand, Blick über die Havel: Bau des später mit Klinkern verkleideten Stahlkorsetts der Wandelhalle des Strandbads Wannsee 1929

Martin Wagners Name ist verbunden mit dem ersten Plattenbau-Projekt in Deutschland. Diese Technik des Bauens kam aus den USA und war erstmals 1910 in New Yorks Ortsteil Queens angewendet worden. Die in der Gegenwart weitgehend in Rottönen gehaltene Splanemann-Siedlung in Berlin-Lichtenberg, Ortsteil Friedrichsfelde, mit ihren ursprünglich 138 Wohnungen in zwei- bis dreistöckigen, U-förmig angeordneten Häuserzeilen war für Soldaten und Hinterbliebene gedacht. Als Bauherr agierte die Gemeinnützige Reichsbundkriegersiedlung GmbH. Die Betonplatten wurden auf der Baustelle gegossen, wo sie einige Tage härteten. Sie wogen bis zu sieben Tonnen. Ein Portalkran hob sie an die Montagestellen. Dächer, Keller, Geschossdecken und Schornsteine entstanden in traditioneller Ziegelbauweise. Tatsächlich bereitete das experimentelle Verfahren einige Probleme: Die Platten waren zu schwer, der Kran zu unbeweglich, die Bauserie zu klein, um kostengünstig zu bleiben. Auch das einförmige Äußere störte.

1930 waren die Kleinwohnungen fertiggestellt, ausgestattet mit Küche, Bad und WC, Kammer, Loggia oder Balkon und Kachelöfen. Das Projekt industriellen Bauens steht bis heute.

Maßgebliche Träger des Neuen Bauens in Berlin waren Wohnungsbaugenossenschaften, die Gewerkschaften und die Stadt. Ab Mitte der 1920er-Jahre begannen die neuartigen architektonischen Vorstellungen in ersten Projekten auch verwirklicht zu werden. Der architektonische Expressionismus lehnte klassische Bauformen ab. Die moderne Architektur unterschied sich da nicht von der modernen Literatur, der modernen Dramatik oder der avantgardistischen Malerei. Experimente gab es auch in der Baugestaltung mit bisher ungewohnten Ornamenten. Mit dem Wirtschaftsaufschwung ergaben sich wieder neue Gelegenheiten zur Verwirklichung. Allerdings: Die signifikanten Bauten des Neuen Berlin, manche leuchtend weiß, andere in papageienbunten

Mit den Lichtsäulen oben waren die Türme des Karstadt-Warenhauses 71 Meter hoch: Das Stahlbetonskelett war mit Muschelkalk verkleidet, zwei der neun Geschosse befanden sich unter der Erde.

Farben verputzt, gelb verklinkert oder mit roten Backsteinbändern bekleidet, oft schon großflächig verglast und nachts spektakulär illuminiert – sie blieben Inseln im grauen Häusermeer des alten, schäbigen Mietskasernen-Berlin, wie Bienert unterstreicht.

Auffallend und den meisten Berlinern wahrscheinlich vor Augen sind die von Peter Behrens in der zweiten Hälfte der 1920er-Jahre entworfenen Hochhäuser am Alexanderplatz mit Namen Alexanderhaus und Berolinahaus. Die bei Dunkelheit erleuchteten gläsernen Flächen, sogenannte „Lichtkeile", markieren das alte Berliner Stadttor mit moderner Formensprache: Jetzt wurde man durch das gläserne Lichtportal in die City geleitet. Die amerikanischen Investoren legten in den 1920er-Jahren Wert auf die Zusammenarbeit mit den Verkehrsbetrieben. Deshalb haben beide Baukomplexe Zugänge zum U-Bahnhof Alexanderplatz.

Eine wichtige Rolle spielten stadtarchitektonisch die Warenhäuser, allen voran Karstadt am Hermannplatz, das Ende der 1920er-Jahre von Philipp Schaefer entworfen wurde. Der Bau prangte in der Nacht mit beleuchteten Türmen – New York mitten im proletarischen Neukölln. Wir erinnern uns, wie Brecht Berlin mit Chicago gleichsetzte. Vielleicht wird es in den 2020er-Jahren einen am Vorbild orientierten Kaufhaus-Neubau geben.

Hauptaufgabe städtischen Bauens in Berlin war auch schon in den 1920er-Jahren der Wohnungsbau. Das entsprach dem Auftrag der Weimarer Verfassung, deren Artikel 155 lautete: „Die Verteilung und Nutzung des Bodens wird von Staats wegen in einer Weise überwacht, die Mißbrauch verhütet und dem Ziele zustrebt, jedem Deutschen eine gesunde Wohnung und allen deutschen Familien, besonders den kinderreichen, eine ihren Bedürfnissen entsprechende Wohn- und Wirtschaftsheimstätte zu sichern."

Ein markantes, ästhetisch ansprechendes und weitgehend in seinen Erstzustand versetztes Beispiel des neuen Berliner Wohnungsbaus steht in Prenzlauer Berg. Sitzt man zwischen den Bahnhöfen Schönhauser und Prenzlauer Allee in der Ringbahn, sind auf der einen Seite die alten Mietskasernen mit den oft mit Graffiti übersäten Brandmauern zu sehen. Aber auf der anderen

Seite, nach Norden, erahnt man die ganz anders entworfenen, vorherrschend beigefarbenen und nach einem eigenen Farbkonzept gestalteten Blocks aus den 1920er-Jahren. Geht man die Erich-Weinert-Straße entlang und kreuzt die Sült-, Trachtenbrodt- und Sodtkestraße, laden die weitläufigen begrünten Innenhöfe ein, in die man hineinschauen kann. So gelangen „Licht, Luft und Sonne" zu den Bewohnern. Die Balkone gehen zu dem als Grünanlage angelegten Hof. Offenheit, Durchlässigkeit, Natur – solche Siedlungen sind die gebaute Antithese zur Mietskaserne, zumal alle Wohnungen Küche und Bad, Balkon oder Loggia haben – übrigens ebenso zur verwahrlosungsgefährdeten Satellitenstadt.

Es handelt sich um die nach dem Gewerkschaftsführer benannte „Wohnstadt Carl Legien". Ihr Architekt war Bruno Taut. Farbe war für ihn integraler Bestandteil seiner Architektur, ebenso wie die grünen Höfe und die Landschaft, in der er baute. Er hat das Berliner Stadtbild zwischen 1924 und 1933 bereichert wie kaum ein anderer Architekt. Nach seinen Plänen sind in dieser Zeit mehr als 10 000 Wohnungen entstanden. Dazu gehören die Hufeisensiedlung in Berlin-Britz oder die Siedlung Onkel-Toms-Hütte in Zehlendorf. Ebenso wie den unterirdischen Bahnhof mit Ladenpassage in grüner Kachelung am Alexanderplatz hatte Alfred Grenander den U-Bahnhof Onkel-Toms-Hütte entworfen, dessen Planung allerdings nicht verwirklicht worden ist. Interessant ist dennoch, dass auch hier der Bahnhof und seine Zugänge als, wie die Zehlendorfer sie nennen, „Ladenstraße" in die Wohnbebauung integriert sind.

Bruno Tauts Bruder Max baute zwischen 1929 und 1931 den noch heute genutzten Schulkomplex Schlichtallee/Ecke Fischerstraße in Rummelsburg. Beide waren ebenso wie Ludwig Mies van der Rohe und der schon erwähnte Martin Wagner 1927 Unterlegene im Wohnanlagen-Wettbewerb des Deutschen Werkbunds. Sieger war der junge jüdische Architekt Rudolf Fränkel. Erst 1924 hatte er ein eigenes Büro in Berlin eröffnet. Sein erster Großauftrag war die Gartenstadt Atlantic in Berlin-Gesundbrunnen gleich am S-Bahnhof, ein Ensemble, das unter Denkmalschutz steht.

Das Luftbild von 1931 zeigt den Grundriss: Martin Wagner und Bruno Taut schufen die Hufeisensiedlung in Britz mit preiswerten und hochwertigen Wohnungen.

Dort hat unweit seines historischen Ursprungsorts der Berliner Bundesliga-Fußballverein Hertha BSC ein Büro. Gleich mit diesem ersten großen Projekt konnte der junge Architekt Fränkel die renommierte Auszeichnung erringen. Die „Lichtburg", die seinen Bebauungsplan für die Gartenstadt vervollständigte, war eines der ersten deutschen Tonfilmkinos.

Die Eröffnung der „Lichtburg" fand Weihnachten 1929 statt – die Karten für das neue Kino am Wedding lagen als Gabe unterm Christbaum. Konzipiert war der Komplex der „Lichtburg" als Bestandteil der Gartenstadt Atlantic. In deren 49 Wohnhäusern lebten die nächsten Nutzer der „Lichtburg". Lichtspiel und Varieté wurden geboten, man konnte essen gehen, in der Bar oder im Café sitzen, man konnte kegeln, und das Vereinsleben fand Räume für Zusammenkünfte vor. Im Angebot waren ferner Säle zum Tanz und zum Feiern. Das war sozio-kulturelle Infrastruktur gleich nebenan. Natürlich richtete sich das Angebot der „Lichtburg" mit ihren rund 2000 Plätzen auch an die Berliner jenseits des Gesundbrunnens, an dessen Bahnhof ab 1. Februar 1929 schon elektrisch betriebene Züge der Ringbahn hielten.

Dass die „Lichtburg" ein genialer, auf Wirkung auf den Betrachter angelegter Bau gewesen ist, lassen nur noch die von seiner Architektur zeugenden Fotos erkennen. Der Komplex wurde nach dem Bau der Mauer abgerissen. Das vorwiegend aus Ost-Berlin stammende Kinopublikum konnte nicht mehr kommen. Vier durch farbige Verbindungsflächen horizontal durchgehend erscheinende Fensterbänder über den Ladenfenstern im Erdgeschoss vermittelten der geschwungen-gerundeten Fassade besondere Eleganz. Dieses gestreckte Element mündete an einem zylindrischen und höheren Kopfbau, dessen vertikal durchgehende Fenster diesen Eingangsbereich optisch noch weiter in die Höhe streckten. Das war das Pendant zum Bahnhofsbau gegenüber, gekrönt von einem anscheinend meist beflaggten Fahnenmast.

„Lichtburg", „Scala", „Plaza": Unternehmer Karl Wolffsohn (1881–1957), hier 1931, war eine der großen Persönlichkeiten der Berliner Unterhaltungsbranche.

Natürlich gab es mehrere Schriftzüge in schon von Weitem unübersehbaren Großbuchstaben an den oberen Dachabsätzen, die sagten, dass das die LICHTBURG ist. Die Fensterstreifen des Zylinderbaus waren in der Nacht erleuchtet. Das verputzte Mauerwerk ist auf den alten Fotos schwarz, aus den Fensterflächen strahlt dagegen die Helligkeit. Und von oben fielen große Lichtstrahlen in das Dunkel der Nacht. Das wirkte wie ein Blick im dunklen Kinosaal auf den Richtung Leinwand weisenden Lichtstrahl des Projektors. In der Dunkelheit waren die Buchstaben

LICHTBURG natürlich ebenso wie die Leuchtschriften am flacheren Baukomplex illuminiert. Der Bau selbst muss schon für sich ein Erlebnis gewesen sein. Schade, dass es ihn nicht mehr gibt.

Die Gartenstadt und die „Lichtburg" gehörten ebenso wie die Schwester-„Lichtburg" in Essen sowie eine Reihe anderer „Filmtheater" zum Unterhaltungsimperium des jüdischen Unternehmers Karl Wolffsohn, der das Berliner Haus seit 1931 betrieben hat. Ebenso wie die Eltern Döblins stammte er aus der Gegend um Posen. Er wurde 1881 in Wollstein geboren, wo der später weltberühmte Mediziner Robert Koch in seinen Anfängen gearbeitet hatte. Karl war eins von sieben Kindern. Um 1900 packten er und einige seiner Geschwister ebenso wie Hunderttausende osteuropäischer Juden die Koffer und wanderten westwärts. Karl ging nach Berlin und begann bei Ullstein eine Druckerlehre; allerdings noch nicht in dem bis heute das Stadtbild prägenden Ullstein-Druckhaus in Tempelhof, denn das wurde erst in den 1920er-Jahren gebaut. Aus der Lehrzeit rührte die ein Leben lang andauernde Verbindung der Wolffsohns mit der Ur-Berliner Verlegerfamilie Ullstein.

Karl Wolffsohn ging nach Berlin und begann eine Druckerlehre.

Nach der Lehre gründete Wolffsohn mit seinen Brüdern Max und Jacques eine eigene Druckerei mitsamt Verlag. Die „Gebrüder Wolffsohn GmbH" expandierte und übernahm 1910 die Filmzeitschrift *Lichtbildbühne*. Daraus entstand ein renommierter Fachverlag für die im Aufstieg begriffene Filmbranche. Zugleich baute Karl Wolffsohn ein seit 1927 öffentlich zugängliches und in seiner Zeit einzigartiges Film- und Filmliteraturarchiv auf. Ab 1924 beteiligten sich auch die Ullsteins am erfolgreichen Unternehmen Karl Wolffsohns. Vor dem Kriegsdienst, so formuliert es sein Enkel, der

Historiker Michael Wolffsohn, drückte er sich; seine beiden Brüder fielen im Ersten Weltkrieg.

Karl Wolffsohn gehörte zu den innovativen Pionieren der Filmwirtschaft, und insofern ist sein Werk Bestandteil der Kulturgeschichte, wenngleich der Geschichte der Massenkultur, auch und gerade in Berlin. Der Zuwanderer Karl Wolffsohn war zum Ur-Berliner geworden. Sein Enkel zitiert in seiner 2017 erschienenen Familiengeschichte *Deutschjüdische Glückskinder* das „Icke-Gedicht“, das sein Opa ihm immer aufsagte:

Ick sitze hier und esse Klops.
Uff eenmal klopp's.
Ick kieke, staune, wundre mir,
uff eenmal jeht se uff, de Tür.
Nanu, denk ick, ick denk, nanu!
Jetzt isse uff, erst war se zu.
Ick jeh raus und kieke,
und wer steht draußen? – Icke!

Anhand des Aufstiegs Karl Wolffsohns lohnt es, den Blick auf die Stadtgeografie des Berlins der 1920er-Jahre zu richten. Begonnen hatte er seine Karriere mit den beiden Brüdern und der neuen Firma in Kreuzberg, Adalbertstraße 5, Unterschichtbezirk. Gewohnt hat er nicht weit weg in der Naunynstraße. Die dritte Firmenanschrift ist dann schon die Michaelkirchstraße 17. Damit war man dem Zeitungsviertel Koch- und Friedrichstraße beträchtlich näher gerückt. Angekommen waren die Brüder dort dann 1921. Da war die Adresse Friedrichstraße 225. Das schildert der Enkel Michael Wolffsohn in der Familienbiografie.

1920 eröffneten neun meist jüdische Geschäftsleute – darunter Karl Wolffsohn und der Flugzeugindustrielle Anton Fokker – das berühmte Berliner Revuetheater „Scala“. In dem Bau Martin-Luther-/Ecke Fuggerstraße traten internationale Künstler wie der Jongleur Enrico Rastelli und der Clown Grock auf. Stadtgeografisch passend war die „Scala" in Schöneberg gelegen. Dort lebten vornehmlich Angehörige der wirtschaftlich und kulturellen Mittel- und oberen Mittelschicht. Die „Lichtburg", die Bezeichnung „Film-Theater" war Programm für diejenigen, die sich bürgerliches, „richtiges" Theater nicht leisten konnten, lag mitten im Wedding, wo Kleinbürger, untere Mittel- und Unterschichten lebten. Schließlich gehörte zu Wolffsohns Imperium das „Plaza"-Varieté mit 3000 Plätzen am Küstriner Platz in Friedrichshain, das um die Ecke von Döblins Praxis gelegen in erster Linie die in der Gegend lebenden Unterschichten ansprach. Das Grundstück ist bekannt: Dort steht noch immer das Verlagsgebäude der Zeitung *Neues Deutschland*. Das „Plaza" eröffnete im Februar 1929, im Oktober folgte jedoch die Weltwirtschaftskrise, die auch „Scala" und „Plaza" zu spüren bekamen. Sie schrieben tiefrote Zahlen.

Aufschlussreich ist auch, einen Blick auf die Wohnadressen von Karl Wolffsohn und seiner Frau Recha sowie der übrigen Verwandten zu werfen. Wenn das Proletariat, wir denken nochmals an Alfred Döblin, in Berlin O lebte, so lebten die sogenannten „guten" Leute in Berlin W, also im Westen. So war es auch bei

Eines der ersten auf Arbeiter ausgerichteten „Volksvarietés": Das „Plaza" eröffnete 1929 im früheren Küstriner Bahnhof, dessen Bahnsteighalle zum Zuschauerraum wurde.

Wolffsohn, der mit dem sozialen und wirtschaftlichen Aufstieg von Kreuzberg nach Charlottenburg zog, von der Unter- zur Oberschicht, in die Nobelgegend Berlins. Bis 1936 war die Wohnanschrift Mommsenstraße 16. Dann aber, als das Vermögen infolge der von den Nationalsozialisten so bezeichneten „Arisierung“ kleiner geworden war, lautete die Adresse Sybelstraße 67. Das ist dann nicht mehr so groß und so kostspielig, aber noch immer vornehm. Bruder Georg mit Familie wohnte im Nebenhaus, die Mutter Ernestine in der Niebuhrstraße 4 und der andere Bruder, Heinrich, in der Schlüterstraße 32. Das sind gute Adressen, die sich gut auf den Visitenkarten machten, Kurfürstendamm-Gegend, „gute” Gegend. Die Krönung aber war die Sommerunterkunft von Karl Wolffsohn: 8000 Quadratmeter hatte das Wassergrundstück draußen Richtung Potsdam am Stölpchensee mit der 14-Zimmer-Villa, zu der ein eigenes Bediensteten-Haus gehörte.

Gegenüber wohnte Regisseur Fritz Lang (1890–1976): Die ersten Berliner Stahbeton-Wohnhäuser in der Schorlemerallee sind beispielhaft für die Avantgarde der Epoche.

An diese Stelle gehört ein Hinweis auf die Villenarchitektur im Berlin der 1920er-Jahre, um den Überblick über die Stadtarchitektur und die „besseren" Kreise zu vervollständigen. Die ließen nämlich nur selten Architekten der Avantgarde auch avantgardistisch bauen. Deshalb bleiben solche modernen Villen- und Landhausbauten in den aus der Kaiserzeit stammenden Berliner Villenkolonien auch meist nur Einsprengsel. Stadtteile wie um den Breitenbachplatz in Schmargendorf, wo eine halbwegs geschlossene Bebauung aus den 1920er-Jahren bis heute erhalten ist, sind selten. Dazu gehört die seit ihrer Errichtung 1927 vielfach umge- und verbaute Villa des Filmregisseurs Fritz Lang in der Schorlemerallee. Ein neuer Privateigentümer, ein pensionierter Professor für Stadtentwicklung, hat es inzwischen bis hin zur Streuobstwiese im Garten wiederhergestellt, wie er erzählt. Gegenüber stehen seit 1929/30 die ersten Wohngebäude aus Stahlbeton in Berlin – schlichte Quader mit Fensterbändern. Die davor gesetzten haushohen Glasbausteinwände hindern die Blicke auf die Nachbarn. Dazu gehören rote und blaue Farbakzente.

Avantgarde in Reinform ist die Villa am Rupenhorn oberhalb des Stößensees. Der aus Allenstein in Ostpreußen stammende Architekt Erich Mendelsohn baute sie 1929/30 für den Eigenbedarf nach eigenen Vorstellungen als Gesamtkunstwerk zum Wohnen in Perfektion, wie Bienert formuliert. Das Gebäude steht auf einem riesengroßen, parkartigen Grundstück, von dessen höchstem Punkt aus der Blick weit über die Havelseen schweift. Mattweiß strahlt das Haus Ruhe und Klarheit aus. Technisch war alles auf dem neuesten Stand: regelbare Ölheizung, versenkbare Fenster, Telefonanlage, Gymnastikraum. Mendelsohn entwarf auch das Interieur selbst. Alles, was die Klarheit der Flächen störte, verschwand in Einbauschränken. Die expressionistische Kunstsammlung des Ehepaares wurde verkauft, weil sie nicht ins Konzept passte. Stattdessen entwarf Oskar Schlemmer Wandbilder. Die Ehefrau, die Cellistin Louise Mendelsohn, schrieb: „Wir glaubten an unsere Zeit und an eine zukünftige Zivilisation, die aus dem Chaos unserer Zeit entstehen müsse. Deshalb sollte unser Haus als ein Versprechen gestaltet sein, als ein Zeichen konstruktiver Haltung einer zukünftigen Welt gegenüber." Ihr Mann hingegen formuliert noch in der Bauphase selbstkritisch die Gegenstimme: „Wir verschleudern unser bestes Gut, die stille Besinnung, die produktive Einfachheit – für wen? Wir [...] sind im Geiste gegen die kapitalistische Ordnung, um uns am Kapital zu mästen."

Ein „Kapitalist" und „Bourgeois" war auch Karl Wolffsohn geworden. Er war zu Reichtum gelangt, indem er geschäftstüchtig und erfolgreich an die Bedürfnisse der „kleinen Leute" dachte. Wenn er ihnen in der „Lichtburg" statt Theater eben Film bot, dann sollte es sich trotzdem vornehm anfühlen. Wenn die Sprechtheater Programmhefte anboten, so gab es das in der „Lichtburg" auch. Diese Idee stammte zwar nicht von Wolffsohn selber, sondern von dem Filmpublizisten Alfred Weiner, aber sie lohnte sich. Der Kinobesuch fing mit dem Programmkauf an. Auch an den kleinen Beträgen ließ sich verdienen. Kommentar seines Enkels Michael: „‚Kleinvieh macht auch Mist.' Goldenen Mist."

„‚Kleinvieh macht auch Mist.' Goldenen Mist."

Die Gartenstadt Atlantic ist ein Beispiel einer privat finanzierten Reform-Wohnanlage, die das bot, was heute bezahlbarer Wohnraum heißt, eben für kleine Leute; gewohnt haben dort der Herthaner Hanne Sobek und der spätere Regierende Bürgermeister Eberhard Diepgen. Die Gartenstadt Atlantic umfasst ca. 500 Wohn- und 25 Gewerbeeinheiten. Es sind helle und luftige Wohnungen. Wolffsohns Partner war der rechte Sozialdemokrat Albert Südekum, der 1919/20 preußischer Finanzminister war und den Lenin so inständig hasste, dass er den polemischen Begriff „Südekumismus" prägte.

Wolffsohn blieb lange unter den Nazis in Deutschland. „Wir" seien doch „Deutsche" und keine „Polen", sagte er noch, als es

Wohnen für den „kleinen Mann“: Die Anfang der 2000er-Jahre sanierte Gartenstadt Atlantic steht heute unter Denkmalschutz

wirklich gefährlich geworden war. Zur Jahreswende 1938/39 kam er in sogenannte „Schutzhaft“. Er kam frei, nachdem er die Aktien der Gartenstadt einem sogenannten „Arier“ übertragen hatte. Der Preis war das sofortige Verlassen Deutschlands. Nach einer Irrfahrt durch Europa trafen Karl und Recha im Frühjahr 1939 im britischen Mandatsgebiet Palästina ein. 1949 kamen sie bettelarm zurück nach Berlin, das doch nie wieder ihres wurde. Die Geltendmachung der Vermögensansprüche ist eine andere, unrühmliche Geschichte, die prozessual tatsächlich erst im Jahr 2000 geendet hat. Danach hat der Enkel mit seiner Familie die Gartenstadt saniert. Lange hat Michael Wolffsohn auf Rendite verzichtet, aber nicht auf „Wohnungsqualität der hervorragenden Klasse zu bezahlbaren Preisen“. Seit 2016 steht dort eine Infostele über Karl Wolffsohn.

Berliner
Reclams
B.Z.
Mittag
Vossische
Zeitung

PRESSE

Zeitungsstadt Berlin – Die deutsche Medienmetropole

Die Zeitungen *Der Tagesspiegel*, *Berliner Morgenpost*, *Berliner Zeitung* und *Berliner Kurier*, *Bild Berlin-Brandenburg* und *B.Z.*, *tageszeitung*, *Neues Deutschland*, *Die Welt* und *Junge Welt* – mehr als diese Tageszeitungen gibt es 2019 in Berlin nicht mehr. Diese zehn Zeitungen werden nur noch von acht Redaktionen gemacht, und ihre Auflagen sinken insgesamt gesehen weiter. Ist Berlin damit noch die „Zeitungsstadt Berlin"?

„B.Z. am Mittag, bitte!" Conrad Felixmüllers Gemälde von 1927 zeigt die lächelnde Kiosk-Frau und Berlins Zeitungsvielfalt, darunter *Berliner Tageblatt* und *Vossische Zeitung*.

1928 dagegen erscheinen in Berlin 147 politische Tageszeitungen, und das teils zwei- oder dreimal am Tag. Hinzu kommen 2633 Zeitungen und Zeitschriften. Die 1920er-Jahre sind eine Zeit ohne Fernsehen. Das Radio steckt noch in den Kinderschuhen. Dem neuen Medium Rundfunk verdankt das Berlin der 1920er-Jahre allerdings ein bald weltweit bekanntes Wahrzeichen. Hans Bredow, der 1919 den Begriff „Rundfunk" prägte und gerade Reichs-Rundfunk-Kommissar und Chef der Reichs-Rundfunk-Gesellschaft geworden ist, trägt bei der Eröffnung des Funkturms am 3. September 1926 mit seiner sonoren Stimme ein Gedicht vor:

Hoch vom Berliner Himmel umblaut
Ist ein stählerner Turm gebaut
Steil in die Berliner Luft,
Umleuchtet vom letzten Sommerduft.
Im neuen Berlin im Berliner Wind
Das allerjüngste Berliner Kind!
Berliner Jahre werden gehn:
Sturm wird kommen der Turm wird stehn!

Der Nachfolgebau des Senders im Vox-Haus, dessen Errichtung nach der 1. Großen Deutschen Funkausstellung im Dezember 1924 auf der Höhenlage von Witzleben begann, ist Symbol für das meiste, was die neue Zeit hervorgebracht hat. Der 1926 fertiggestellte Funkturm auf dem Gelände der „Gemeinnützigen Berliner Messe-Aufbau G.m.b.H." war ein herausragender Aussichtspunkt mit einem exquisit eingerichteten Restaurant, der mit seinen 146,7 Metern Höhe als Sendeturm eine Pionierleistung der Rundfunkgeschichte ist. Von dort aus ist nach ersten Testsendungen ab 1929 dann sogar 1932 die weltweit erste Fernsehsendung ausgestrahlt worden.

Doch es ist die Zeitung, die als maßgebliches Massenmedium die 1920er-Jahre beherrscht. Sie ist das Instrument der politischen, gesellschaftlichen und kulturellen Debatten, das Vehikel der Verbreitung von Nachrichten, Informationen und Meinungen. Noch aus früheren Jahren oder aus der Szene in dem 1986 in West-Berlin uraufgeführten Musical-Welterfolg *Linie 1* kennt man den Anblick der nebeneinander sitzenden U-Bahn-Fahrgäste, die alle Zeitung lesen; im Musical lesen sie noch alle *B.Z.* In den 1920er-Jahren kommt auch noch das gedruckte Foto auf: Die 1892 gegründete *Berliner Illustrirte Zeitung*, die als Sonntagsbeilage der *Berliner Morgenpost* weiterlebt, brachte es mit ihren großzügigen Fotostrecken auf eine Auflage von bis zu zwei Millionen.

Die Vielfalt der Zeitungslandschaft mag man als intellektuellen Reichtum ansehen. Aber ähnlich wie die heutzutage unübersehbare Zahl von Fernsehkanälen hat die schiere Fülle auch ihre Schattenseite. Die große Zahl der Zeitungen in Berlin spiegelt die Zerrissenheit der politischen Landschaft, vor allem zum Ende der Weimarer Republik hin. Denn angesichts der maßgeblichen Funktion des Mediums Zeitung muss jede Partei oder auch nur jedes politische Grüppchen, das sich durchsetzen will, dieses Medium nutzen.

Um einen Überblick über die Breite der Presselandschaft zu geben, folgt ein Durchgang durch das Spektrum des damaligen Berliner Blätterwaldes, allerdings nur in Auswahl:

Die KPD verfügte in Berlin über *Die Rote Fahne*, das *Volks-Echo* sowie die *Volkswacht*.

Die Freiheit war das Blatt der USPD.

Zur SPD gehörten *Vorwärts*, aber auch *Berlin am Morgen* und *Welt am Abend*.

Republikanisch orientiert waren *Das Zwölf-Uhr-Blatt*, *Die Welt am Montag* und *Der Montag Morgen*.

Bürgerlich-liberale Zeitungen waren allen voran das schon erwähnte *Berliner Tageblatt*, die *Berliner Volkszeitung*, die *Berliner Morgenzeitung*, die *Berliner Morgenpost*, die *Berliner Allgemeine Zeitung* und die *B.Z. am Mittag* sowie die altehrwürdige *Vossische Zeitung*, die als älteste Zeitung Berlins im Volksmund „Tante Voß" hieß.

Der katholischen Zentrumspartei zuzurechnen waren die *Germania* und die *Märkische Volkszeitung*.

National beziehungsweise rechtskonservativ waren die *Deutsche Allgemeine Zeitung* und die *Kreuz-Zeitung*, die, beide aus der Bismarck-Ära herrührend, aus ausgesprochen regierungsnaher Tradition kamen.

Deutschnational eingestellt waren der *Berliner Lokal-Anzeiger*, *Der Tag* und die *Deutsche Zeitung*.

Es gab auch damals schon einmal eine *Tägliche Rundschau*, die christlich-national orientiert war; deren Titel übernahm nach 1945 die sowjetische Besatzungsmacht für eine ihrer ersten Berliner Zeitungen.

Rechts-agrarisch war die *Deutsche Tageszeitung*.

Joseph Goebbels, der Berliner Gauleiter der NSDAP, gründete nach dem vorübergehenden Parteiverbot in Berlin vom 5. Mai 1927 das Montagsblatt *Der Angriff*, das 1930 in eine Tageszeitung umgewandelt wurde. Der *Völkische Beobachter*, blieb mit einer in München hergestellten Berliner Ausgabe im Frühjahr 1930 auf dem Berliner Markt erfolglos; erst 1932 errichtete der Eher-Verlag, der Partei-Verlag, in der Zimmerstraße im Zeitungsviertel eine Druckerei, die eine Berliner Ausgabe produzierte und in der ab 1. Januar 1933 die norddeutsche Ausgabe des Parteiorgans hergestellt wurde.

Um die große Zahl von Tageszeitungen zu erklären, muss man auch berücksichtigen, dass es in Bezirken, sogar in einzelnen Stadtteilen Berlins, eigene Bezirksblätter mit entsprechend niedrigen Auflagen gegeben hat. Zu nennen sind beispielhaft die *Spandauer Zeitung*, die *Neue Zeit* für Charlottenburg, der *Westen* für Wilmersdorf, die *Neuköllnische Zeitung* und die *Dahlemer Nachrichten* sowie der *Lankwitzer Anzeiger*, das *Cöpenicker Dampfboot* und das *Cöpenicker Tageblatt*.

Zu betonen ist bei der Beantwortung der Frage nach dem medialen Anteil am Zusammenbruch der Weimarer Republik, dass die konservativen, national und nationalistisch, aber vor allem antirepublikanischen Blätter Alfred Hugenbergs einen größeren Anteil daran hatten als die Parteipresse der NSDAP. Er hatte 1918 die erzkonservative DNVP mitbegründet. Der Hugenberg-Konzern war ein Medienkonglomerat aus Verlagen, Nachrichtendiensten, Werbeagenturen, Korrespondenzdiensten, Filmgesellschaften und zahlreichen Zeitungsbeteiligungen. Im Jahre 1927 kaufte er zudem die marode Filmfirma UFA und sanierte sie. Hugenberg hatte den ersten deutschen „Multimedia-Konzern" aufgebaut. Zu Beginn der 1920er-Jahre übte er durch seine Nachrichtendienste beherrschenden Einfluss auf die rechtsgerichtete Presse aus. Hugenberg hatte Zug um Zug den verschuldeten rechtskonservativen Scherl-Verlag und dessen Objekte übernommen. Bei Scherl erschien außerdem das Berliner Adressbuch, inzwischen ein wichtiges Quellenwerk für die Berliner Stadtgeschichte. Neben Scherl beherrschten zwei weitere große und ein kleinerer Konzern

> Alfred Hugenberg baute den ersten deutschen „Multimedia-Konzern" in der Hauptstadt auf.

die Berliner Presselandschaft: Nicht ganz mit den großen Häusern mithalten konnte wirtschaftlich und bezüglich der Auflagenhöhe der Konzern des Kommunisten Willi Münzenberg, ansonsten gab es neben Scherl die jüdischen Häuser Ullstein und Mosse. Bei Mosse erschien die wohl angesehenste deutsche Zeitung schon des Kaiserreichs: das *Berliner Tageblatt* unter seinem Chefredakteur Theodor Wolff, der als Berufsanfänger Theaterstücke geschrieben hatte. Zu seiner Redaktion gehörte der Kritikerpapst unter den Berliner Theaterrezensenten Alfred Kerr sowie der Publizist und Satiriker Kurt Tucholsky.

Alfred Hugenberg (1865–1951), hier 1920, kam aus der Montanindustrie und setzte seinen Medienkonzern mit Sitz in Berlin gegen die Republik ein. In den 1930er-Jahren übernahmen NSDAP und NS-Regime sein Imperium.

Für das *Berliner Tageblatt* arbeitete zeitweise auch der „rasende Reporter“ Egon Erwin Kisch. Er stammte aus Prag, war jüdischer Herkunft und hat sich sein Leben lang auch immer wieder als Dramatiker erprobt. Ohnehin sind die Redaktionen und Verlage Berlins in den 1920er-Jahren Orte, an denen viele große Namen der Literatur ihr Überleben sicherten, denn von Büchern allein ließ sich nur in Ausnahmefällen wirklich leben. Ein wichtiger Schriftsteller wie Joseph Roth arbeitete für Zeitungen und Zeitschriften. Erich Kästner war Berliner Feuilletonkorrespondent der *Neuen Leipziger Zeitung* und lieferte viele Jahre lang jedes Wochenende ein Gedicht in der Redaktion des Berliner *Montag am Morgen* ab. Viele Literaten waren auch als Lektoren angestellt. Prominentes Beispiel ist Robert Musil, der in seinem Roman *Der Mann ohne*

Eigenschaften dem ermordeten Industriellen und Reichsaußenminister Walther Rathenau ein literarisches Denkmal gesetzt hat; Musil wirkte als Lektor beim S. Fischer Verlag.

Das Verlagshaus Mosse steht noch. Der Komplex in der Nähe der Springer-Gebäude wurde 1921 bis 1923 mit der markanten

Szene Unter den Linden: Der amerikanische Stummfilmstar Pauline Frederick (1883–1938) kauft an einer Bushaltestelle eine Zeitung, um 1925.

gerundeten Ecke und den langen Fensterbändern von Erich Mendelsohn neu gestaltet. Springer hat 1953 die Überbleibsel des einst mächtigen Ullstein Verlags gekauft. Heute gehört die *Berliner Morgenpost* zur Essener Funke-Mediengruppe, und die *B.Z.* ist Teil der Bild-Zeitungsgruppe.

Die *B.Z.* ist eine alte Berliner Zeitung. Sie erschien erstmals am 1. Oktober 1877. Im Jahr darauf kaufte sie Leopold Ullstein. 1904 wurde sie zur *B.Z. am Mittag* umstrukturiert – damit verdeutlichte das Blatt, dass es eine Tageszeitung war. Diese *B.Z. am Mittag* lebte unter dem Titel *B.Z. am Abend* in der DDR als einziges, wenn man es so nennen kann, Boulevardblatt auf dem Ost-Berliner Zeitungsmarkt fort. Nach dem Mauerfall wurde die Zeitung zum inzwischen von der Kölner DuMont Mediengruppe wieder verkauften *Berliner Kurier* mit wohl weiter unsicherer Zukunft.

Peter de Mendelssohn, Autor des 1959 bei Ullstein verlegten Standardwerks mit dem Titel *Zeitungsstadt Berlin*, nennt die *B.Z. am Mittag* der Weimarer Republik die „schnellste Zeitung der Welt“. Als Beispiel schildert er folgende Begebenheit: „[…] als […] Ebert am 6. Februar 1919, dem historischen Eröffnungstag der Nationalversammlung der deutschen Republik, um drei Uhr nachmittags die Treppe zum Weimarer Nationaltheater hinaufstieg, um vor der Versammlung seine Eröffnungsrede zu halten, wurde ihm zu seiner begreiflichen Verblüffung von einem Zeitungsjungen die ‚B.Z. am Mittag‘ mit der schon vorgedruckten Rede, eben aus Berlin mit dem Flugzeug eingetroffen, zum Kauf angeboten.“ De Mendelssohn berichtet auch über die Verbreitung der Nachricht vom Attentat auf Rathenau, das sich am 24. Juni 1922 um 10.55 Uhr in der Königsallee in Grunewald ereignete. Eine halbe Stunde

Rathenau-Attentat: Der Zeitungskellner rief zuerst bei der *B.Z. am Mittag* an.

danach habe die ganze Stadt darüber Bescheid gewusst. Es habe lediglich fünf Augenzeugen der Ermordung auf der menschenleeren Straße im noblen Vorort gegeben: den Chauffeur Rathenaus, drei Maurer, die hilflos oben auf einem Neubau standen, und einen Zeitungskellner, der in einem Künstlercafé im Berliner Westen arbeitete. Der Kellner hatte sofort begriffen, was passiert war; er stürzte zum Telefon und rief als erstes nicht die Polizei an, sondern die *B.Z. am Mittag*.

Das Telefon beherrschte die Kommunikation, und es war Taktgeber des Tempos. Der Berliner orientierte sich in seiner Stadt, wenn es schnell gehen sollte, sogar mit den Telefon-Zentral-Ämtern. Da war dann die Rede von „Lützow“ oder „Nollendorf“. Berlin hatte in den 1920er-Jahren fast eine halbe Million Telefonanschlüsse. Täglich wurden eineinviertel Millionen Telefonate geführt. Für die *B.Z. am Mittag* spielten das Tempo und deshalb auch das Telefon eine zentrale Rolle. Nachts schlafen die Menschen, nachts passiert wenig, erst am Morgen geht es wieder los mit dem Nachrichtenfluss. Doch wenn die *B.Z. am Mittag* dann schon um 11.30 Uhr auf den Straßen Berlins verkauft werden soll, dann blieb nicht viel Zeit. Dass Drucklegung und Vertrieb auf Geschwindigkeit ausgelegt waren, versteht sich von selbst. Angesichts der Fülle von Konkurrenzblättern musste die *B.Z. am Mittag* auch tatsächlich in den Mittagsstunden verkauft sein, denn sie wurde in der Mittagspause gelesen. Abends warteten schon die Abendzeitungen auf die Leser.

> „Berliner Tempo“ war eng verbunden mit der *B.Z. am Mittag*.

Genial mutete es an, wie Rudolf Ullstein organisiert hatte, dass die Börsenkurse dank des Telefons in der gleichen Sekunde wie in der Börse auch im Setzersaal der *B.Z. am Mittag* sichtbar waren. Das Börsengeschäft eröffnete um 11.00 Uhr. Die Ermittlung der

Eröffnungskurse dauerte bis 11.20 Uhr, also bis zehn Minuten vor der Uhrzeit des Erscheinens. Acht Setzer konnten dank Telefonübermittlung in rasendem Tempo die Eröffnungskurse in den Satz bringen, sodass die *B.Z. am Mittag* acht Minuten vom Eingang dieser letzten Meldung, nämlich der aktuellen Börsenkurse, bis zur Verbreitung der ersten Exemplare brauchte. Die besten US-Zeitungen brauchten dafür damals angeblich zwölf Minuten.

Wie Peter de Mendelssohn es darstellt, ist der Begriff des „Berliner Tempos" eng verbunden mit der *B.Z. am Mittag*. Und de Mendelssohn denkt über dieses Tempo, seinen Sinn und seinen Wert nach: „Selbstverständlich hatten es die Berliner eilig. Ihre Stadt war spät in die Reihe der großen Städte getreten, und es galt aufzuholen. Man hatte wirklich weniger Zeit als anderswo. Aber außerdem kam diese fast hektisch anmutende Eile dem Charakter und Temperament des Berliners, wie sie sich jetzt unter den neuen Verhältnissen entwickelten, entgegen. Dem Berliner machte es ausgesprochen Spaß, es eilig zu haben, und diese Freude am raschen, aufenthaltslosen Vorwärtsstürmen, dieses Vergnügen, das man daran findet, wenn alles blitzschnell von der Hand geht, wenn alles Zug um Zug klappt und erledigt wird, wirkte natürlich ansteckend. Sicher war alles nicht ganz so eilig, wie es aussah. [...] Das Charakteristische war, daß die Eile den Berlinern Spaß machte und daß sie sich gern einredeten und einreden ließen, daß es ohne diesen Spaß nicht ging. Die ‚B.Z. am Mittag' redete es ihnen ein. Sie bestärkte sie in dieser Neigung und trieb damit das ‚Tempo' weiter an."

Es handelte sich also um einen wechselseitig beförderten Beschleunigungsprozess, der sich als Bestandteil der Lebenskultur in der Metropole Berlin, aber sicherlich auch in anderen Großstädten zeigt. Die Geschwindigkeit, der Mangel an Zeit und die Bedingungen des Stadtlebens hatten konkrete Auswirkungen auf die Form der Darstellung und auf das dahinterstehende Denken der Blattmacher. Für die kurze Mittagspause der Leser mussten die neuesten Nachrichten knapp und übersichtlich aufbereitet sein. Bedeutung und Tendenz der Nachrichten mussten stärker durch

Gliederung und Aufmachung kenntlich gemacht werden statt, wie es bisher üblich war, durch platzraubende Erläuterung. Auch in Deutschland war man bei einer Konzeption angekommen, die in angelsächsischen Ländern schon länger Routine war: Der Leser bekam als erstes die sozusagen nackte, durch keine begleitende Tendenz verkleidete oder entstellte Nachricht präsentiert. Ihm wurde notwendigerweise zugetraut, sich selbst ein Urteil zu bilden. Insofern entsteht in der Zeitungslandschaft besonders im Berlin der 1920er-Jahre nicht zuletzt infolge der Beschleunigung und des damit verbundenen Drucks der Produktion die Trennung von Nachricht und Meinung, die nach wie vor zentrale Maxime journalistischer Arbeit sein sollte. Auch und gerade im Zeitalter von „Fake News" und „alternativen Fakten". So herrschte für die Mittagszeitung ganz besonders der Imperativ „Nur das Neueste!" Dabei galt aber auch der Satz der angelsächsischen Presse „Get it first, but first get it right". Das bedeutete so viel wie: „Bring es als Erster, aber als Erstes muss es stimmen."

Verlegte die *B.Z. am Mittag*: Rudolf Ullstein (1874–1964), hier 1921, war ein hoch innovativer Zeitungsmann.

Sport spielte für die *B.Z. am Mittag* eine wichtige Rolle. Sie gehörte zu den ersten Zeitungen mit eigener Sportredaktion und eigenem Sportteil. Übersichtlich musste das Blatt sein, aufgeräumt. Unterhaltung, Wirtschaft, Kunst, Theater, Literatur, Gesellschaft, Klatsch, Bälle, Wohltätigkeitsveranstaltungen, Börse, Reisen,

Technik, Wissenschaft – alles wurde in die neue Form gegossen: die Boulevardzeitung, die sich tagtäglich neu auf der Straße verkaufen muss und deren Prinzipien in technisch verwandelter Weise auch im 21. Jahrhundert in der unendlichen Beschleunigung des Internets weiter wirksam sind, wo der Nachrichtenstrom ohne Unterbrechung 24 Stunden am Tag und global fließt.

Theaterkritik wird in der *B.Z. am Mittag* zu einer Kurzform verwandelt, ebenso wie Radio und Film als „nachrichtenwürdig“ und „kritikwert“ erkannt werden. Auch das war neu. Die ersten ernsthaften Filmkritiken erschienen in der *B.Z. am Mittag*. Für die in anderen Blättern üblichen langen, erzählenden und betrachtenden Texte mit durchaus literarischem Anspruch hat die *B.Z. am Mittag* keinen Platz und die Leserschaft keine Zeit; stattdessen stoßen Kurztexte aus der gesamten Weltliteratur auf Interesse, schließlich fördert diese Zeitung sogar die bis dato in Deutschland nicht recht geschätzte Gattung der „Kurzgeschichte“. Nicht zuletzt finden auch Musik und Kunst ihren Platz im Blatt. Ganz neu war ein Nachrichtendienst vom Kunstmarkt, der aus der Sammlerszene, über Galerien und von Auktionen berichtete.

„Die Höfe dieser Pressefabrik gleichen Gefängnishöfen.“

Im *Neuen Deutschen Verlag* mit Sitz in der Wilhelmstraße, der zu Willi Münzenbergs Konzern gehörte, erschien 1929 in deutscher Sprache der Reisebericht einer 29 Jahre alten sowjetrussischen Journalistin und Kommunistin, die 1924 auch Berlin besucht hatte. Das erste Kapitel des Reiseberichts von Larissa Reissner trägt die Überschrift „Ullstein“. Sie zeichnet ein ideologisch verzerrtes Bild für ihre sowjetrussische Leserschaft, aber ihre Beobachtungen sind doch voller Authentizität und zeigen die Faszination dessen, was sie bei Ullstein gesehen und erlebt hat:

„Diese Pressefabrik ist wie eine Festung. Ihre festen Höfe gleichen Gefängnishöfen. Granitberge isolieren sie von der Stadt. Eine Festung muss im Fall einer Belagerung mit Wasser und Brot versorgt sein. Ullstein besitzt eine von der Stadt unabhängige Kraftquelle, die groß genug ist, seine belagerten Maschinen acht Tage lang mit Elektrizität zu versorgen. Man kann nie wissen: Streik oder Aufstand. Die gepanzerten Türen werden fest verriegelt, und drei Minuten nach dem Alarmsignal schickt das Kraftwerk Tausende Streikbrecher-Pferdekräfte zu den Maschinen." In dieser Passage schimmert die Erinnerung an den Kampf um das Zeitungsviertel durch. Reissner berichtet von den strengen Kontrollen am Eingang des Hauses: „Die Portiers sind auf Menschen und Dinge dressiert. [...] acht Minuten nach der Annahme der letzten Depesche für die ‚B.Z. am Mittag', öffnen sich alle Türen und Tore. Die Zeitungsfabrik schickt ihre Produktion auf die Straße. Breite Rohre spucken Zeitungsbündel direkt auf die Lastwagen. Motorräder zucken ungeduldig. Radfahrer halten ihre offenen Säcke hin." Die Sowjetrussin beschreibt die „Machtzentren der öffentlichen Meinung, die Produktionsstätten von deutschem Geist, wo die Millionen Fäden und Kabel hinlaufen, von wo aus unsichtbar regiert wird." Zu Beginn ihres Berichts über die „Zeitungs-

Erfolgreicher Konzernherr und Kommunist: Willi Münzenberg (1889–1940) im Jahr 1925

stadt Berlin“ schildert sie, wie sie die Redakteure erlebt hat, und beschreibt, wie die Telegrafenapparate die Neuigkeiten tickern: „Niemand holt sie vom Telegraphenamt: die Nachrichten kommen von selbst. Gleich wilden Schwalben schießen sie in den Raum des Redakteurs und fallen fix und fertig, schon in die menschliche Sprache übersetzt, mit der Maschine auf schmale Papierstreifen geschrieben, auf den Tisch. Zehn kleine Apparate empfangen sie ununterbrochen und ticken. Ein dunkles Kloster mit hundert Zellen. Hundert Telephonzellen. In jeder ein Einsiedler, der den Gott der Sensation mit wilder Stimme um Gaben anruft.“

Titelseite der *A.I.Z.* vom 1. Mai 1932: „Mit Lenin zum Sieg!“

Der Medienmagnat Münzenberg, der Reissners Bericht druckte, war laut de Mendelssohn ein „überaus begabter vielseitiger Mann, der im Berliner Zeitungswesen [...] eine beträchtliche Rolle spielte.“ Als Wanderbursche trifft er vor dem Weltkrieg in Zürich auf Lenin, Trotzki, Sinowjew, wird in Berlin KPD-Mitgründer, kommt 1920 nach Moskau. Zum Konzern gehörten u. a. die reichweitenstarken Tageszeitungen *Welt am Abend* und *Berlin am Morgen*, Zeitschriften, Verlage, Filmgesellschaften wie *Prometheus Film* oder *Filmkartell Weltfilm GmbH*. Flaggschiff ist die *Arbeiter Illustrierte Zeitung* mit Auflagen von 400 000 Exemplaren. Münzenberg mied Parteisprache, erreichte Massen, zielte auf Intellektuelle, Bürgerliche, Künstler.

Sozialismus
Abendblatt

Die *Stützen der Gesellschaft* – George Grosz und die Neue Sachlichkeit

Stützen der Gesellschaft sind für den Maler George Grosz die Instanzen Staat, Presse, Kapitalismus, Kirche und Militär. Mit seinem 1926 fertiggestellten Bild bringt er seine Sicht der Zustände seiner Zeit zum Ausdruck.

Die Volksbühne Berlin als Arbeitertheater wurde 1890 mit dem Stück *Die Stützen der Gesellschaft* von Henrik Ibsen eröffnet; es wurde ein Theaterskandal. Das Drama gilt als das Paradebeispiel des „naturalistischen" Theaters. Mit diesem Stück gelang dem norwegischen Dichter vornehmlich in Deutschland und auf dessen Bühnen der Durchbruch. „Naturalistisch" bedeutet vereinfacht, dass die Kunst Gesellschaft, Geschehen und Gegenstände zeigt, wie sie in ihrer „Natur" sind. Das reicht bis zum Bühnenbild – banal ausgedrückt: Die Türe ist nicht mehr aufgemalt, sondern hat eine Klinke.

Im Jahr 1878 erschien der Text von *Die Stützen der Gesellschaft* in deutscher Übersetzung. Der Erfolg zeigte sich schon darin, dass es bereits in diesem Jahr auf insgesamt fünf Berliner Bühnen auf dem Spielplan stand. Es gehört zu den seinerzeit am meisten gespielten Stücken im Deutschen Reich. So war es auch noch in der Zeit nach dem Weltkrieg, und deshalb war es mehr als nur geläufig.

Die Fabel des Stücks ist rasch erzählt, schon weil sie uns bekannt vorkommt, was die fortdauernde Aktualität des Textes illustriert: Das Stück spielt in einer kleinen norwegischen Küstenstadt. Hauptfigur ist Konsul Bernick, einer der Honoratioren, Geschäftsmann und Politiker. Er plant den Bau einer Bahnlinie, kauft insgeheim über Strohmänner billig die Grundstücke entlang der Strecke, die später im Wert um ein Vielfaches steigen werden. Funktionieren konnte das aber nur unter dieser Bedingung: Nichts darf herauskommen über diese Spekulationsgeschäfte, Ruf und Ansehen sind wichtiges Kapital des Konsuls. Aber er muss sich doch eines Tages offenbaren. Da wird ihm vorgehalten:

„‚Du fragst, wem es geschadet hat. Gehe mal in dich, und dann sage mir, ob es nicht dir selbst geschadet hat!‘
KONSUL BERNICK: ‚Sieh dir jeden Mann an, den du willst, und du wirst bei jedem einzelnen mindestens einen dunklen Fleck finden, den man gnädig übersehen sollte.‘“
Darauf die empörte Entgegnung: *„‚Und ihr nennt euch Stützen der Gesellschaft!‘*
KONSUL BERNICK: ‚Die Gesellschaft hat keine besseren.‘
Darauf LONA HESSEL: ‚Ist es denn so wichtig, dass so eine Gesellschaft gestützt wird oder nicht? Worum geht es denn? Lug und Trug – sonst nichts. Hier lebst du, der erste Mann der Stadt, in Saus und Braus, in Macht und Ehre, du, der einen Unschuldigen als Verbrecher gebrandmarkt hat?‘“

Von George Grosz gibt es das Gemälde mit dem Titel *Stützen der Gesellschaft*, das mit diesem Titel unmittelbar Bezug auf das Ibsen-Stück nimmt. Die Erörterung des Ibsen-Dramas zeigt, dass Grosz darauf rechnen konnte, vom Publikum verstanden zu werden. Das Gemälde gehört zu den berühmten und bekannten Berliner Bildern der „Neuen Sachlichkeit“ und gilt als repräsentativ für die Darstellung der gesellschaftlichen Situation der Weimarer Republik aus linker Sicht. Die „Neue Sachlichkeit“ richtet sich als Kunstrichtung von Neuem auf Abbild und Darstellung des Sichtbaren. Der Begriff manifestierte sich im Titel einer Kunstausstellung, die 1925 in Mannheim stattfand, die sich dem Thema *Die Neue Sachlichkeit* widmete und deren Untertitel die Erläute-

Das Gemälde gehört zu den berühmten Berliner Bildern der „Neuen Sachlichkeit“.

rung *Deutsche Malerei seit dem Expressionismus* gab. Damit wird das Gegenüber benannt, dem die Neue Sachlichkeit ihre Sachlichkeit entgegenstellte: Es ist der Expressionismus, zu dem Künstler wie Ernst Ludwig Kirchner, Erich Heckel, Karl Schmidt-Rottluff, die Brücke-Maler oder auch Max Pechstein gehörten. In Mannheim ist 1925 allerdings trotz seiner expressionistischen Machart auch Grosz' atemberaubendes Gemälde *Metropolis* von 1916/17 zu sehen, das sein Porträt des Kriegs-Berlins ist, wie er es im entscheidenden Jahr des Ersten Weltkriegs wahrgenommen hat und aus dem sich Berlin als „Hauptstadt der 1920er-Jahre" entwickeln wird. Sein Abbild dieser Stadt ähnelt dem Bild, das wir gewinnen, wenn wir schaudernd vom Kraterrand aus in den rot glühenden Abgrund des Schlundes eines aktiven Vulkans blicken.

Grosz hat seine *Stützen der Gesellschaft* 1926 fertiggestellt. Das Ölgemälde ist auf einer 200 mal 108 Zentimeter großen Leinwand entstanden. Die auf dem Gemälde dargestellten Köpfe und ihre Gesichter sind ein wenig überlebensgroß gemalt. Das Bild gehört inzwischen zur Sammlung der Neuen Nationalgalerie Berlin und war im November 2018 in der Ausstellung *Die Novembergruppe* in der Berlinischen Galerie zu sehen. Es lohnt, das Bild und seine Motive genauer zu betrachten.

WAS SEHEN WIR AUF DEM GEMÄLDE? Auf dem Bild sind fünf Personen deutlich und einige andere schemenhaft zu erkennen. Von den fünf Figuren sind zwei im Profil zu sehen. Sie sind nach links gewandt. Die beiden Gesichter auf halber Höhe schauen den Betrachter frontal an. Nur die Person rechts ganz oben ist nach rechts gerichtet. Die Figuren sind im Raum auf verschiedenen Ebenen verteilt und sie überschneiden einander. Das erzeugt die Wirkung eines hektischen Chaos, in dem offenbar mehrere Aktionen gleichzeitig stattfinden.

WAS FÄLLT AN DEN FARBEN AUF? Das Bild weist starke Hell-Dunkel-Kontraste auf. Der Hintergrund ist dunkel. Das erinnert an die düstere Stimmung des Krieges. Die Gesichter im Vordergrund heben sich davon weiß und bleich ab. Die Mimik ist ebenso starr wie die Körperhaltung. Die Figuren wirken emotions-

Wie sind die einzelnen Figuren dargestellt, und wer sind sie?

Der Mann links in der Mitte hat einen umgestülpten Nachttopf auf dem Kopf. Er hält das Friedenszeichen eines Palmwedels in der Hand. Zeitungen und Stift sind allegorische Attribute eines Journalisten. Für die Zeitgenossen war die Figur als Pressezar Alfred Hugenberg erkennbar. Die Zeitungen unterm Arm sind u. a. das *8 Uhr Abendblatt* und der *Lokalanzeiger*, die ihm gehörten. Den Nachttopf trägt er wie einen Helm auf dem Kopf. Dieses Attribut fungiert für Grosz als Ausdruck von Hugenbergs geistigen Fähigkeiten.

Der vernarbte Mann schräg rechts unter ihm hält einen Degen und ein Glas Bier. Er hat einen aggressiven Gesichtsausdruck und ein Hakenkreuz auf seiner blauen Krawatte; das Hakenkreuz taucht u. a. bei den antirevolutionären Freikorps auf und wird Parteizeichen der NSDAP. Aus dem aufgeschnittenen Kopf springt ein Gewirr heraus, darunter Paragrafenzeichen und ein Ulan mit Speer. Es scheint sich um einen Juristen zu handeln. Er ist mit Schmiss und Monokel als ewiger Korpsbruder erkennbar. Gewollt in seiner Absurdität: Der Mann trägt nicht etwa eine Augenbinde wie Justitia, kann also sehen, doch er hat keine Ohren, so hört er wohl nicht.

Der dicke Mann schräg rechts im Zentrum hat ebenfalls einen aufgeschnittenen Kopf. Bei ihm schaut ein dampfender Haufen Kot heraus; offenbar zeigt Grosz damit die im Berlinischen so bezeichnete „Kacke", die „am Dampfen" ist. Der Mann hält eine schwarz-weiß-rote Fahne, die für das untergegangene Kaiserreich steht, und ein Schild mit der Parole „Sozialismus ist Arbeit".

Etwas weiter hinten beziehungsweise oben streckt ein evangelischer Geistlicher in Talar und Barett mit roter Schnapsnase, eventuell sogar ein Militärseelsorger, seine Hände in beschwichtigender Geste zu einem offenen Fenster heraus. Im Hintergrund ist ein mehrstöckiges Haus sichtbar, aus dessen Fenstern die Flammen schlagen. Predigt er Frieden, während hinter seinem Rücken bereits Mord und Totschlag durch den „Stahlhelm, Bund der Frontsoldaten" herrschen? Denn im Hintergrund sind schon mit Degen bewaffnete Soldaten sichtbar.

los und streng, puppenhaft und leblos. Die Gesichter strahlen Kälte aus. Sonst weist das Gemälde kaum Farbauffälligkeiten auf. Eintönige Farben herrschen vor. Die Kleidung ist vorwiegend braun und grau, weiße Hemden und Stehkrägen mit Binder sind zeittypisch.

Durch das *8 Uhr Abendblatt* und den *Lokalanzeiger* lässt sich die Person mit dem Nachttopf auf dem Kopf als Medien-„Tycoon" Alfred Hugenberg identifizieren.

WAS SAGT DAS DARGESTELLTE DEM BETRACHTER? Der Palmwedel links unten im Bild stellt zwar ein Friedenssymbol dar, doch durch die Zuordnung zur Presse wird suggeriert, dass das Reden vom Frieden angesichts der vielen Hetzartikel in den Zeitungen eher geheuchelt ist. Der Nachttopf auf dem Kopf ist Attribut von Unwissenheit und Dummheit. Der Mann ganz vorn ist wahrscheinlich Nationalsozialist, jedenfalls ein Rechtsextremer. Sein Degen als Offiziersattribut deutet auf eine Führungsposition hin. Der Mann schräg dahinter könnte ein Industrieller sein, dessen Intelligenzgrad durch den Haufen Kot zum Ausdruck gebracht wird; er paktiert offenbar mit der Sozialdemokratie und sie mit ihm. „Sozialismus ist Arbeit" lautet die Parole, aber eigentlich ist Sozialismus doch noch viel mehr – Freiheit oder, mag sein, Wohlstand, jedenfalls keine Armut. Der Geistliche scheint mit seinen ausgebreiteten Armen die Flammen und somit den Zustand der Welt, also den Krieg, zu segnen. Auffällig ist sein gerötetes Gesicht, was ebenso auf Scham wie auf Alkoholkonsum hindeuten kann. Die Soldaten am oberen Bildrand markieren das aktuelle Geschehen. Der blutverschmierte Degen, die Pistole und die Waffen sind Allegorien von Mord und Gewalt.

WELCHE ABSICHT HAT DER MALER MIT DIESEM BILD VERFOLGT? George Grosz bringt mit diesem Bild seine Sicht der Zustände der damaligen Gesellschaft zum Ausdruck. Für ihn sind *Die Stützen der Gesellschaft* die Instanzen Staat, Presse, Kapitalismus, Kirche und Militär. Für die abstrakten Instanzen stehen jeweils einzelne Figuren, die er mit allegorischen Attributen versieht. Über allem steht buchstäblich der Krieg, der Hintergrund und Ziel aller gesellschaftlichen Aktionen ist. Den fünf „Stützen" weist Grosz die Schuld für Krieg und Gewalt zu. Auf den Betrachter wirkt das Bild gefühllos, eintönig und abstrakt, letztlich leblos. Im Stil der Neuen Sachlichkeit werden Personen und Gegenstände ausgesprochen präzise und sinntragend dargestellt.

WER IST NUN DIESER MALER MIT NAMEN GEORGE GROSZ? Er wurde als Georg Ehrenfried Groß 1893 in Berlin geboren, mit seiner Mutter verließ er später die Stadt. Seine Künstlerkarriere begann schon vor dem Ersten Weltkrieg. In Dresden an der Königlich Sächsischen Kunstgewerbeschule lernte er Otto Dix kennen, den anderen großen kritischen Maler der 1920er-Jahre. Nach dem Diplom 1912 hat Groß in Berlin mit einem Staatsstipendium an der Kunstgewerbeschule weiter studiert – er hat die ganze Bandbreite des Handwerks der Malerei erlernt, was sich in seinem gesamten Schaffen widerspiegelt. Groß ist nie zum akademischen Maler im Sinne der Zeit vor dem Krieg geworden. Immerhin: 1914 bekam er von der Unterrichtsanstalt des Kunstgewerbemuseums der Königlichen Museen den zweiten Preis. Berlin war schon vor 1914 Zentrum fortschrittlicher Kunst und Kultur. In den Kunsthandlungen wurden neben Paul Cézanne und Vincent van Gogh auch moderne Künstler wie Pablo Picasso oder Henri Matisse gezeigt. Groß besuchte die Ausstellungen, aber auch Rummelplätze und andere Vergnügungsstätten. Er stürzte sich ins Nachtleben der Metropole und hielt diese Sphäre in Skizzen fest.

Der Weltkrieg wurde für Georg Groß zum einschneidenden und prägenden Erlebnis. Er meldete sich freiwillig, wurde jedoch schon im Mai 1915 als dienstuntauglich entlassen. Er erklärte: „Krieg war für mich Grauen, Verstümmelung und Vernichtung."

Als strikter Kriegsgegner wollte er wie sein Freund, der Künstler John Heartfield, vormals Helmut Herzfeld, keinen deutschen Namen mehr tragen. Daher nannte er sich ab 1916 George Grosz. Durch die Wahl eines englischen Namens wollte er ein Zeichen gegen die patriotisch aufgeheizte anti-englische Stimmung im Kaiserreich setzen. Hinzu kam eine naive Amerika-Begeisterung. Grosz stellte in dieser Zeit viele Kriegsszenen dar, die seine eigenen Erlebnisse spiegeln: „Ich zeichnete Soldaten ohne Nase, Kriegskrüppel mit krebsartigen Stahlarmen [...] Einen Obersten, der mit aufgeknöpfter Hose eine dicke Krankenschwester umarmt. Einen Lazarettgehilfen, der aus einem Eimer allerlei menschliche Körperteile in eine Grube schüttet. Ein Skelett in Rekrutenmontur, das auf Militärtauglichkeit untersucht wird."

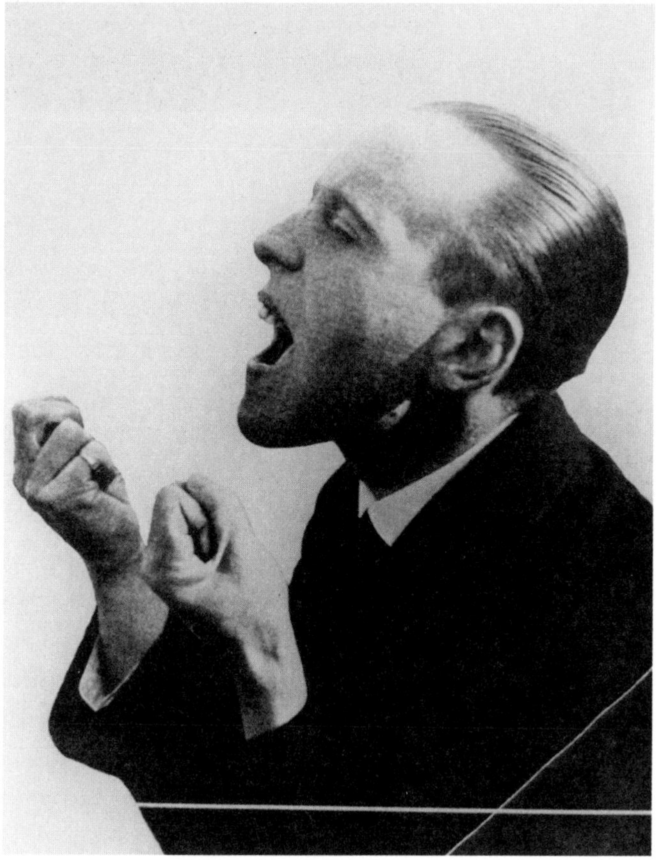

Selbstporträt des Malers, Grafikers, Fotomontagekünstlers und Bühnenbildners John Heartfield (1891–1968), 1921

1917 wurde Grosz doch noch einmal eingezogen. Er gab an, er habe als Deserteur erschossen werden sollen und sei durch die Intervention des angesehenen Kunstsammlers, Mäzens, Schriftstellers und Diplomaten Harry Graf Kessler gerettet worden. Grosz wurde in eine Nervenheilanstalt überwiesen und am 20. Mai 1917 als „dienstunbrauchbar" schon wieder entlassen. Er ging zurück nach Berlin und stürzte sich erneut in das Großstadtleben. In seinen Arbeiten beschreibt er die Stadt als entfesseltes Chaos – auseinanderstre-

Teilnehmer an der „Ersten Internationalen Dada-Messe“ am 5. Juli 1920: von links stehend Raoul Hausmann, Otto Burchard, Johannes Baader, Wieland und Margarete Herzfelde, George Grosz, John Heartfield; sitzend Hannah Höch und Otto Schmalhausen

bende Straßenfluchten, ziellos umherirrende Menschen, ein apokalyptisches Tohuwabohu rund um das Hotel Atlantic am Bahnhof Friedrichstraße, alles ist in blutrote Farbe getränkt, oberhalb des städtischen Chaos wehen die „Stars and Stripes“, die Flagge der USA. Das ist Grosz’ Berlin-Bild in *Metropolis*.

Grosz wurde zusammen mit John Heartfield und dessen Bruder Wieland Herzfelde Begründer der Berliner Dada-Szene. Gemeinsam mit Richard Huelsenbeck, dem Schweizer Dada-Initiator, veranstaltete Grosz 1917 erste Dada-Abende in der Berliner Sezession am Kurfürstendamm. Im Laufe des Weltkriegs hatte sich der Dadaismus von Zürich aus in ganz Europa ausgebreitet. Überall protestierten Künstler und nur wenige Künstlerinnen durch gezielte Provokationen und subversiv eingesetzte Unlogik gegen den Krieg und das obrigkeitsstaatlich denkende Bürger- und Künstlertum. Der Kriegsbegeisterung stellten sie pazifistische Positionen entgegen und führten die bisher geltenden bürgerlichen Werte ins Absurde. Gegen Eintrittsgeld wurden Versammlungen veranstaltet, bei denen das Publikum für sein Geld rüde beschimpft wurde. Es gab Schlägereien, Polizei war anwesend. Künstlerische Aktionen wurden oft improvisiert. Eines der Schlagworte lautete: „Dada ist sinnlos."

Die Dadaisten nahmen skurrile Funktionsbezeichnungen an. Grosz war der „Propagandada". 1920 organisierte er die Erste Internationale Dada-Messe in Berlin mit und stellte dort aus. Schon im Jahr zuvor wurde er unter dem Eindruck der Novemberrevolution Mitglied der KPD und der Novembergruppe, einer im Dezember 1918 in Berlin gegründeten Künstlervereinigung.

Grosz stellte seine Kunst politisch in den Dienst des Proletariats: Künstler hätten die Aufgabe, sich am Kampf für die Freiheit zu beteiligen. Gegenüber seinen früh-dadaistischen Werken wandelte sich das Sujet von Kneipen-, Straßen- und Großstadtszenen zur bitterbösen Darstellung des politischen Gegners – das ist an den *Stützen der Gesellschaft* exemplarisch deutlich geworden.

Schon unmittelbar nach dem Krieg schuf Grosz sein großes politisches, nach Heinrich Heines Versepos benanntes Bild *Deutschland, ein Wintermärchen*: in der Mitte ein biederer Reserveoffizier als typisch deutscher Spießbürger mit Schweinebraten, Bier und dem *Lokalanzeiger*. Unten drei „Stützen der Gesellschaft": Pfaffe, General, Professor. Die Welt schwankt um den Bürger, ein Matrose dient als Symbol für die Revolution. Hinzu kommt eine Prostituierte, alles ein Abbild der Zeit, in der das gesamte Wertesystem zu zerfallen scheint und die überkommene Ordnung erlischt.

> Ein Spießbürger mit Schweinebraten, Bier und dem *Lokalanzeiger*

Der kommunistische Pressemagnat Willi Münzenberg animiert Grosz zu einer fünfmonatigen Reise nach Sowjetrussland, die er im Sommer 1922 gemeinsam mit dem Schriftsteller Martin Andersen Nexø unternimmt. Beide mögen einander nicht. Grosz sollte Nexøs Reisebericht illustrieren. Dazu kommt es aber nicht. Solche Reisen gehören in den 1920er-Jahren zur Propagandaarbeit Sowjetrusslands und der Kommunistischen Internationalen beziehungsweise der Kommunistischen Partei. Das Land der Oktoberrevolution baut einen propagandistischen Nimbus auf und versteht sich als Avantgarde der proletarischen Revolution. In der Tat sind die Machtübernahme der Bolschewiki und die von ihnen in einem blutigen Bürgerkrieg errichtete Herrschaft etwas welthistorisch vollkommen Neuartiges.

„Für die Politik der Übermenschen habe ich ein tiefes Misstrauen, keine Liebe."

Grosz lässt sich nicht zum Propagandisten machen. Alexander Kluy beschreibt die Reaktion des Berliner Malers in seiner 2017 erschienenen ersten umfassenden Grosz-Biografie so: „Seine ersten Eindrücke sind Bürokratismus und blanke Not, die er mit einem eindringlichen Bild wiedergibt: ausgehungerte Gefangene, die sich um eine Abfalltonne drängen und aus der darin dümpelnden fauligen Brühe die Maden herausfischen und in den Mund stopfen." Grosz, so sein Biograf, sei die Rückständigkeit des Landes aufgefallen. Individualistische Kunst ist nicht gefragt. Sowjetrussland wird von plattem Agitprop beherrscht. Grosz begegnet Führern Sowjetrusslands, den Männern, die im November 1917, ein Jahr vor der Revolution in Deutschland, im schon nicht mehr zaristischen Russland die Macht ergriffen und den Aufbau einer bürgerlichen Demokratie im Keim erstickt haben. Kluy berichtet: Mehrmals traf Grosz den Bürgermeister von Petrograd, Grigori J. Sinowjew. Dieser Bolschewik beeindruckt Grosz auch intellektuell. Er begegnet Lenin, nach dem nach dessen Tod 1924 die

Stadt in Leningrad umbenannt wird. Er spricht mit Nikolai I. Bucharin, Leo Trotzki, Karl B. Radek und mit dem Volkskommissar für Bildung und Kultur, Anatoli W. Lunatscharski, der gebildet, belesen, kosmopolitisch und selbst Autor ist. Beide reisen im Sonderzug von Moskau nach Petrograd.

Titelseite des Programmheftes der Inszenierung von Erwin Piscator im Theater am Nollendorfplatz mit Zeichnung von George Grosz

Dem modebewussten Berliner Maler brennt sich ein Detail ein, das für ihn symbolhafte Bedeutung gewinnt: Lunatscharskis kleine, kokette, schwarze Schuhe mit Lackspitzen. Sie sind ein krasser Kontrast zu den unförmigen Filzstiefeln des neben dem Kulturpolitiker sitzenden Volkskommissars, der einfacher Abstammung ist; Lunatscharski ist Sohn eines hohen Beamten und konnte im Westen studieren. In dieser Beobachtung, so der Grosz-Biograf, habe sich für den Gast aus Berlin die Lebenslüge des Sowjetkommunismus gebündelt, in dem der Nomenklatura von Anfang an vieles zustand, wovon die einfachen Sowjetbürger nicht einmal träumen konnten.

Für Grosz steht nach der Rückkehr fest: „Für die Politik der Übermenschen habe ich ein tiefes Misstrauen, keine Liebe." Er tritt aus der Partei aus, veröffentlicht aber nichts Kritisches über Sowjetrussland und arbeitet auch weiter mit seinen Vertretern und Institutionen der KPD zusammen. Er nimmt also keine pointiert antibolschewistische Haltung ein. Bezeichnend ist jedoch die Tatsache, dass Grosz wegen der Machtübernahme der Nationalsozialisten nicht in die Sowjetunion Josef W. Stalins emigriert, sondern in die USA.

Am Ende des Kapitels über Grosz ist noch auf einen in Berlin und im ganzen Reich aufsehenerregenden Prozess einzugehen, der sich am Ende der Weimarer Republik über mehrere Jahre hinzog. Am 23. Januar 1928 hatte im Theater am Nollendorfplatz, das zuletzt als Club mit Namen Goya betrieben wurde, das Stück *Die Abenteuer des braven Soldaten Schwejk* Premiere. Es handelte sich um eine freie Adaption des Romans von Jaroslav Hašek durch Bertolt Brecht. Regie führte Erwin Piscator. Schwejk lief in der Inszenierung unentwegt auf einem Transportband, um das falsche Bewusstsein des Individuums im Kapitalismus zu veranschaulichen.

„Maul halten und weiter dienen!" – Metapher des Leidens am Krieg: Gekreuzigter mit Gasmaske und Soldatenstiefeln

Grosz hatte rund 300 Zeichnungen beigesteuert, darunter 30 Skizzen für von Hand bemalte überlebensgroße Figuren, die auf der Bühne standen. Die meisten übrigen Zeichnungen waren Material des Trickfilms, der auf eine Leinwand an der Rückseite der

Bühne projiziert wurde. Eine Auswahl von 17 dieser Zeichnungen verbreitete Wieland Herzfelde in der Mappe mit dem Titel *Hintergrund*. Im April werden in Berlin und anderen Städten 3707 Exemplare von dreien der Blätter der Mappe beschlagnahmt. Die gerichtliche Anordnung basiert auf § 166 des Strafgesetzbuchs, dem Gotteslästerungsparagrafen. Blatt 10 mit dem Titel „Maul halten und weiter dienen" steht im Zentrum der Kontroverse: Christus am Kreuz, an den Füßen Soldatenstiefel, trägt über dem Gesicht eine Gasmaske.

Im Dezember wird Grosz vom Schöffengericht Charlottenburg zu 2000 Mark Strafe verurteilt. Im April 1929 wird dieses Urteil in der zweiten Instanz vom Landgericht aufgehoben. 1930 wird das Urteil vom Reichsgericht in Leipzig erneut aufgehoben und das Verfahren ans Landgericht zurückverwiesen. Zwei Revisionen folgen, in der fünften und letzten Instanz folgt ein salomonisches Urteil: Blatt 10 mit dem inzwischen öffentlich geläufigen Namen *Christus mit der Gasmaske* muss aus der Mappe entfernt werden. Die Druckvorlagen müssen vernichtet werden. Der Senat stellt ausdrücklich fest, der Künstler habe weder Willen noch Absicht gehabt, Gläubige in ihrer Religiosität zu verletzen, und sei deshalb freizusprechen. Die Karikatur sei eine „unerhörte Beschimpfung" Jesu, durch die das religiöse Empfinden von Christen gekränkt werde. Das Gericht betonte: „Gekränkt, nicht verletzt."

Der Maler George Grosz steht aber auch beispielhaft für die künstlerische Darstellung eines in den 1920er-Jahren rapide an Bedeutung gewinnenden Zweigs der Massenkultur, nämlich des Sports. 1926 malt Grosz das Gemälde *Der Boxer Max Schmeling*. Dafür habe der in den 1920er-Jahren nicht zuletzt in Berlin zum Massenidol avancierende Athlet Grosz Modell gestanden, erzählt Schmeling 1977 in seinen Memoiren. Grosz habe vor allem „die Idee des Mannes im Ring" zum Ausdruck bringen wollen. Beide wurden Freunde. Der von 1926 bis 1933 in Berlin-Westend lebende Schwergewichtsweltmeister der Jahre 1930 bis 1932 wird Kultfigur für Intellektuelle. Künstler wie Josef Thorak oder Renée Sintenis formen Skulpturen von Schmeling.

„Goldene" 20er-Jahre in Berlin – Arm, aber sexy?

Die Redensart, dass da jemand wie „Kai aus der Kiste" komme, ist geläufig. Dass diese Redensart mit dem Berlin der 1920er-Jahre zu tun hat, dagegen weniger. Das Kinderbuch *Kai aus der Kiste* wurde in Berlin geschrieben und ist dort 1926 erschienen. Der Protagonist Kai kommt zu Beginn des Buchs aus der „Kiste":

„Bananenröckchen": So wie auf dem Foto trat Josephine Baker (1906–1975) auch 1928 im *Theater des Westens* in Berlin auf.

„Nummer zwölf!" rief der Portier des Hotels Imperator in das Telefon. „Hier ist eine große Kiste abgegeben worden für Sie –; jawohl für den Herrn auf Zimmer zwölf –; nein, nicht bekannt; vier Jungen haben die Kiste auf einem Rollwagen gebracht; – sofort." […]
„Emil", sagte der Portier, „schaffen Sie die Kiste hinauf nach Zimmer zwölf!"
„Stellen Sie sie irgendwo hin", sagte im Zimmer Nummer zwölf der dicke Herr.
[…] Der dicke Herr saß da und schrieb einen Brief.
„Sehr geehrter Herr", schrieb er, „ich bitte Sie, sich morgen vormittag um 10 Uhr bei mir einzufinden. Hochachtungsvoll Joe Allan van Braams." Und auf den Briefumschlag schrieb er: „Herrn Alexander Kubalski, Reklameagent."
Es klopfte.
„Herein", sagte Mister Joe Allan van Braams und legte die Feder hin.
„Herrrein!" rief er noch einmal.
Niemand trat ein.
Mister Joe Allan stand auf und ging zur Tür. Er machte die Tür auf: Niemand.
Da sagte eine Stimme: „Ich kann nicht herein."
„Wer ist da?" rief Mister Joe Allan und blickte sich um.
„Ich", sagte die Stimme.
„Wo?", fragte Mister Joe Allan.
„In der Kiste."

Aus der Kiste taucht ein Junge von zwölf oder dreizehn Jahren auf, ein gewöhnlicher, wie es in der Erzählung heißt, ziemlich dreckiger Straßenjunge. Ohne den Umweg mit der Kiste wäre er nie im Leben in das feine Hotel gekommen. Die Handlung des Buchs ist schnell zusammengefasst: Der Titelheld Kai, ein Berliner Straßenjunge, gewinnt mithilfe seiner Freunde den Wettbewerb um den Titel und Posten des Reklamekönigs, der von einem amerikanischen Schokoladenfabrikanten ausgelobt wird. Berlin kommt in dem Buch nicht vor, aber wo sonst kann das Ganze spielen?

Haffners Roman wurde von den Nationalsozialisten verbrannt.

Der Autor von *Kai aus der Kiste* ist der Schwabe Wolf Durian, der seit 1924 in Berlin Chefredakteur der Kinderzeitschrift *Der heitere Fridolin* war, einer Halbmonatsschrift für „Sport, Spiel, Spaß und Abenteuer“, die von 1921 bis 1928 im Ullstein Verlag erschien. *Kai aus der Kiste* wurde dort in den Jahren 1924 und 1925 als Fortsetzungsroman gedruckt.

Es ist die Geschichte eines in Armut auf der Straße und in den Hinterhöfen Berlins lebenden Jungen, der mit seiner Bande in der Stadt unterwegs ist. Durians unterhaltsame, bis heute erfolgreiche und verfilmte Geschichte der „Schwarzen Hand“ nimmt ein gutes Ende. Sie führt zu einem Happy End im Wohlstand. Auffällig ist, dass Kai zwar eine kleine Schwester hat, aber Eltern an keiner Stelle erwähnt werden.

Wie sehr Durian die Realität der Armut gerade Heranwachsender und Jugendlicher in den 1920er-Jahren in Berlin beschönigt hat, zeigt der Vergleich mit dem Roman *Jugend auf der Landstraße Berlin* von Ernst Haffner, der 1932, sechs Jahre nach *Kai aus der Kiste*, im Verlag Bruno Cassirer veröffentlicht wurde. Bis zur Neuauflage 2013 unter dem Titel *Blutsbrüder* war das Buch faktisch vergessen. Vom Autor weiß man nicht viel. Ernst Haffner war wie

In einer Zahlstelle der Erwerbslosenhilfe wird die Unterstützung ausgezahlt.

Durian Journalist und ist wohl außerdem als Sozialarbeiter tätig gewesen. Er lebte zwischen 1925 und 1933 in Berlin. Sein Roman wurde von den Nationalsozialisten verbrannt. *Kai aus der Kiste* kam als „proamerikanisch“ auf die Schwarze Liste.

„Blutsbrüder“ ist der Name der „Clique“. So nannten sich die Jungen- bzw. Jugendbanden Berlins. Der Roman beginnt auf dem Bezirkswohlfahrtsamt Berlin-Mitte in der Chausseestraße: „Winzige Glieder einer sich durch den langen Industriehof und zwei Etagen windenden müden Menschenschlange stehen die acht Jungen der Clique *Blutsbrüder* und warten gleich den hundert anderen darauf, endlich aus der furchtbaren Naßkälte in die warmen Wartesäle gelassen zu werden. Drei, vier Minuten wird es noch dauern. Dann, acht Uhr pünktlichst, wird in der zweiten Etage die schwere Eisentür geöffnet. [...] Die Glieder rücken auf, scharren mit den Füssen, haben in den Händen die notwendigen Papiere. Zuvorkommend hat man amtlicherseits einen gedruckten *Leitfaden* herausgegeben, der in endloser Kolonne die notwendigen

Papiere aufzählt und an welchen vierundzwanzig Stadtzipfeln man solche ausgestellt bekommt."

Wie die militärisch exakt ausgerichtete Warteschlange sich drinnen in zwei Schlangen aufteilt, wie das Amtsfaktotum Paule die Menschen mit heiserer Stimme dirigiert, wie am Auskunftsschalter Pappnummern ausgegeben werden, das ist das Nächste, was dem Leser vor Augen gestellt wird in diesem Amt, das heute Sozialamt heißt: „Wartesaal der Ewigen Hilfe. In den dazugehörigen Büros werden Anträge auf Gewährung der ‚Erwerbslosenhilfe' gestellt. Die amtliche Abkürzung ‚E.H.' hat eine bissige Schnoddrigkeit in Ewige Hilfe umgedeutet. Bereits jetzt, eine halbe Stunde nach Öffnung, ist der große Saal überfüllt. [...] Und um jede unnötige Berührung mit dem wartenden Plebs zu vermeiden, rufen die Beamten die Nummern nicht durch die Türen. Nein: Die Klappe wird aufgerissen, fein gerahmt erscheint ein Mannskopf und brüllt die Nummer aus. Dann fliegt die Klappe schleunigst wieder zu. Die aufgerufene Nummer – erst im Büro stellt sich heraus, dass sie *Meyer, Gustav* oder *Abrameit, Frieda* heißt – trottet durch die Tür

„Kinder in Not" mit Käthe Kollwitz' (1867–1945) Plakaten in der Klosterstraße: Werbung für die Kundgebung der „Deutschen Kinderhilfe" im November 1920, im Hintergrund die Parochialkirche

neben der Klappe ins Büro. Bei jedem Aufruf der Nummer fliegen die Köpfe der Wartenden hoch."

Die acht Jungen aber kümmern sich überhaupt nicht um dieses Amtsgeschehen. Sie haben eine Bank im Wartesaal ergattert und schlafen oder dösen: „Sie waren die ganze, endlose Winternacht auf der Straße. Wie schon so häufig: obdachlos. Immer getippelt, immer in Bewegung. Ausruhen war nicht bei dem Wetter. Tage alter Schneematsch, ab und zu dünner Strippenregen, alles fein gemixt durch einen Wind, der die Münder der Jungen vor durchdringender Kälte wie Entenschnäbel schnattern ließ. Acht Jungens, sechszehn bis neunzehn Jahre alt. Einige sind aus der Fürsorgeanstalt geflüchtet. Zwei haben noch Eltern irgendwo in Deutschland. Der eine oder andere noch Vater oder Mutter. Ihre Geburt, ihre früheste Jugend fiel in die Zeit des Krieges und Nachkrieges. Schon als sie ihre ersten o-beinigen Gehversuche machten, waren sie sich selbst überlassen. Vater war im Krieg oder stand bereits auf der Verlustliste. Und Mutter drehte Granaten oder hustete ihre Lungen in den Pulver- und Sprengstoffabriken zentigrammweise aus. Die kohlrübenbauchigen Kinder – nicht mehr kartoffelbäuchig waren sie – luchsten in Höfen und Straßen nach Eßbarem. Wuchsen sie heran, gingen sie rudelweise auf Raub aus. Raub, um Bäuche zu füllen. Bösartige, kleine Raubtiere."

Aber warum sind die Jungs ausgerechnet in diesen Wartesaal gekommen? Die Antwort: „Jonny, ihr Anführer, ihr Bulle, hat sie zu neun Uhr hierherbestellt. Er wollte, wie so häufig, Geld auftreiben. Wie er das macht, verrät er nicht. Gestern abend gegen zehn Uhr verabschiedete er sich von den Kameraden."

Der Begriff „kohlrübenbäuchig" bezieht sich auf die Ernährungslage auch in Berlin während des Kriegs. Keiner der am Krieg beteiligten Staaten, auch nicht das deutsche Kaiserreich, hatte Vorkehrungen für die Ernährung der Bevölkerung getroffen. Berlin hatte dank seines Oberbürgermeisters Wermuth schon im Februar 1915 als erste Stadt in Deutschland Brotkarten eingeführt. Die Bemerkung, dass die Kinder im Krieg schon nicht mehr „kartoffelbäuchig" gewesen seien, bezieht sich darauf, dass am

20. März 1916 auch die Kartoffelkarte kam. Erwachsenen standen fünf Kilo in zehn Tagen zu, Kindern die Hälfte. In diesem Jahr 1916 kam aber die Kartoffelfäule. Die Ernte halbierte sich. Kohl- oder Steckrüben sollten der Ersatz für die Kartoffel sein. Die Rüben kamen zum Strecken in den Brotteig, wurden zu Marmelade verkocht oder zu Kaffee-Ersatz zerrieben. Die Rüben enthielten Anteile von Traubenzucker, Eiweiß, Fett und Vitaminen, aber wegen des hohen Wassergehalts lieferten sie kaum Kalorien. Morgens also Kohlrübensuppe, mittags Kohlrübenkotelett, abends Kohlrübenkuchen. Die Propaganda verbreitete in Steckrübenkochbüchern Rezepte für „Mecklenburgische Ananas". Trotzdem blieben die Rüben unbeliebt. Im traumatischen „Steckrübenwinter" zum Jahr 1917 saß die für die Verteilung zuständige Reichskartoffelstelle im Februar auf 80 Millionen Zentnern. Sie ließ Rübenmehl mahlen, das mit Kartoffelmehl und Maggi-Würfeln gemischt als sogenannte „Vollkost" ausgegeben wurde. Wer auf Karten Lebensmittel kaufte, der musste auch die Not-Kreation nehmen. Im April 1917 wurden erneut die Rationen gekürzt. Noch im selben Monat gingen in Berlin 300 000 Arbeiterinnen und Arbeiter, vor allem aus den Munitionsfabriken, auf die Straße, weil sie und ihre Familien hungerten. In dieser Alltagswirklichkeit im Berlin der Jahre 1916/17 gestaltete George Grosz sein Gemälde *Metropolis*: Durchs Menschen-Gewirr der Kriegsmetropole Berlin eilt dort ein schwarzer Leichenwagen, ausgeschlagen mit rotem Tuch, die beiden galoppierenden Pferde dirigiert ein Kutscher mit Zylinder, ein Skelett, der Tod selbst hält die Zügel.

Der Krieg hatte also auch schwerwiegende Auswirkungen auf die Bevölkerung. Die Zahl der Hungertoten unter den Zivilisten hat 35 Prozent der Zahl der an den Fronten gefallenen Soldaten betragen. Man geht von 700 000 Hungertoten in ganz Deutschland aus, auch und gerade in Berlin starben die Menschen. Die Kindersterblichkeit lag in den Kriegsjahren in Berlin bei 50 Prozent. Auf Fotos ist zu sehen, wie Frauen im Januar 1918 in Berlin Müllhaufen durchwühlen in der Hoffnung, Essbares zu finden. 1918/19 waren die Berliner Schulanfänger deutlich kleiner als

Kinder zu Friedenszeiten. So sind die Jungens in der Clique der „Blutsbrüder“ aufgewachsen. Die Armut war in den Straßen Berlins in den sogenannten „Goldenen“ 1920er-Jahren in Gestalt der Straßenkinder von unübersehbarer Gegenwärtigkeit. Allein im Berliner Norden, schreibt der Amerikaner Mel Gordon in seinem Band *Sündiges Berlin* über *Die zwanziger Jahre: Sex, Rausch, Untergang*, ist von rund 200 sogenannten „Wilden Cliquen“ auszugehen, die mit Einbrüchen, Raubüberfällen und Autodiebstahl und nicht zuletzt mit Prostitution ihren Lebensunterhalt verdienten. Damit sind sie fester Bestandteil der homosexuellen Halbwelt Berlins. 1922 schätzte ein Berliner Kommissar die Zahl homosexueller Männer in der Stadt auf über 100 000, die Zahl der männlichen Prostituierten auf rund 25 000. Für das Jahr 1930 wird der homosexuelle Bevölkerungsanteil auf über 350 000 geschätzt.

Szene mit Straßenkindern: Heinrich Zille (1858–1929) lieferte die Motive und war 1925 in dem Film *Die Verrufenen* zu sehen, der von der Berliner Kinderarmut erzählt.

Zurück zum „Bullen“ Jonny, der pünktlich in den Wartesaal des Wohlfahrtsamts in der Chausseestraße zu seinen „Jungs“ kommt. Er ist 21 Jahre alt. Haffner schreibt, sein Gesicht wirke etwas brutal und zeuge von Willenskraft. Jonny spricht klug und wohlgesetzt, fast dialektfrei, er überragt geistig alle anderen Cliquenmitglieder, und – natürlich: „Überlegene Körperkraft ist selbstverständlich, sonst wäre er nicht Bulle.“ Jonny hat Geld, als Erstes werden Zigaretten verteilt. Es gibt endlich wieder zu essen: „Wie immer, gehen sie getrennt, in drei Gruppen. Neun Jungens zusammen erregen unliebsames Aufsehen. Sie biegen von der

Chaussee- in die Invalidenstraße ein. Hier wird das Frühstück eingekauft. Fünfundvierzig Schrippen in drei mächtigen Tüten und zwei ganze Zwiebelleberwürste. Das wird reichen für neun Mann."

Gegessen wird dann in der Rückertklause, der Stammkneipe aller Cliquen rund um den Alexanderplatz, wie Haffner schreibt. Natürlich gehen sie zu Fuß, über den Rosenthaler Platz durch die Mulackstraße, also durch das verrufene Scheunenviertel. Düster, unheimlich, unsauber ist der Laden. Im Schaufenster werden Kartoffelpuffer gebacken, fettige Rauchschwaden ziehen durchs Lokal, lärmende Lautsprechermusik, lärmende Gäste, biernasse Tische, schmutzschwarze und bekritzelte Wände, die Jungs setzen sich in eine Ecke: „Der Kellner bringt schauderhafte, aber wenigstens heiße Bouillon. Dann wird die Vertilgung der Schrippen und der Würste in Angriff genommen."

Prostitution ist in der Rückertklause am Alex ganz normal, die Grenze zwischen Armut, Hunger und Kriminalität fließend. Die „Blutsbrüder" essen sich satt, aber: „Hinten in einer der Nischen sitzt ein blutjunger Cliquenbursche auf dem Schoß eines benebelten *Freiers*. Zwei Kameraden des Burschen spazieren vor der Nische auf und ab und rufen ihrem Kumpan ein aufmunterndes ‚Zieh, Schimmel, zieh!' zu. Zieh deinem Freier die Brieftasche und steck sie uns zu ..." Kleinkriminelle machen ihre Geschäfte. Eine Jugendliche von 15 oder 16 mit Burschenjackett und Ballonmütze sucht Kundschaft: „Das Mädchen ist jetzt sinnlos betrunken, torkelt von Tisch zu Tisch und bietet sich an. Friedel gibt mal wieder an, sagt man und ist nicht weiter von der traurigen Szene eines betrunkenen Kindes, das seine mageren Reize zeigt, berührt." Die Jungs sind satt, Jonny zahlt die gesamte Zeche. Jetzt sind noch acht Mark übrig. Der nächste Gedanke: Wo schlafen sie in der Nacht? „Die billigste Massenherberge nimmt für die Benutzung einer elenden Wanzenmatratze fünfzig Pfennig. Macht vier Mark fünfzig Pfennig, dann reicht es kaum noch für den morgigen Tag."

In Haffners Roman erlebt der Leser mit, wie ein Jugendlicher arretiert und in die „Rote Burg", das Polizeirevier am Alexanderplatz, gebracht wird. Der Leser ist dabei, wie der Festgenommene fotografiert wird, vorne, im Profil, mit Hut, ohne Hut, seine Größe wird gemessen, man nimmt ihm die Fingerabdrücke ab. Das sind neue Techniken. Berlin und seine Polizei sind in den 1920er-Jahren kriminaltechnisch international führend.

Legendär wie das Polizeirevier ist der dort tätige ur-berlinische und zweieinhalb Zentner schwere Kriminalist Ernst Gennat. Zwischen 1918 und 1939 klärt der Kriminalpolizeirat 298 Morde auf. Die Aufklärungsquote der Berliner Kripo bei Kapitalverbrechen beträgt 90 Prozent. Gennat, Spitznamen „der volle Ernst" und „Buddha", betreibt bereits „Profiling". Er gilt als exzellenter Psychologe, liebt Kuchen und Torten, und sein einziges Hobby soll die Lektüre lateinischer Klassiker im Original gewesen sein. Geboren wurde er am 1. Januar 1880 auf dem Gelände der kurz darauf in Betrieb genommenen Strafanstalt Plötzensee, deren Chef sein Vater gewesen ist. Dort wächst er mit seinen Geschwistern auf, Strafverfolgung ist ihm sozusagen in die Wiege gelegt. Sein Bruder wird Staatsanwalt. Gennat sagt über seine Verwandtschaft: „Meene Kunden bleiben stets bei mir in der Familie. Ick fang se, meen Bruder verknackt se, und Papa sperrt se inn."

„Der volle Ernst": Der beleibte Kriminalpolizist Ernst Gennat (1880–1939) am Schreibtisch im Revier am Alexanderplatz, der „Roten Burg"

Gennats neuartiges Vorgehen: penible Spurensicherung am Tatort, Einsatz moderner naturwissenschaftlicher Methoden – seine Idee ist das sogenannte „Mordauto“, das die gesamte Ausstattung für die Arbeit am Tatort mitsamt dem Kommissar und seinen Kollegen an den Fundort der Leiche bringt. Es handelt sich um eine Sonderanfertigung von Mercedes-Benz, die 1927 in Dienst gestellt wurde. Im selben Jahr wurde in Berlin auch die „WKP“ eingerichtet, und zwar gegen erheblichen Widerstand – WKP ist die weibliche Kriminalpolizei.

Wenn von der Amüsiermetropole Berlin die Rede ist, dann versteht sich von selbst, dass die Hauptstadt hier führend im ganzen Reich gewesen ist. Doch wer von der Berliner Vergnügungsindustrie redet, der kann bezüglich der „Goldenen“ 1920er-Jahre von der Berliner Unterwelt, der Lebenswelt Franz Biberkopfs, nicht schweigen. An dieser Stelle sind die sogenannten „Ringvereine“ zu nennen, die das Amüsement der Hauptstadt fest im Griff hatten. Nathalie Boegel stellt in ihrem 2018 erschienenen Buch *Berlin. Hauptstadt des Verbrechens* fest: „Die Ringvereine sind Ausdruck einer bestens organisierten Kriminalität. 60 dieser

Organisierte Kriminalität firmiert als Sportverein: „Herrenpartie 1928 S.V. ‚Immertreu‘“ steht auf dem Schild des Ringverein-Gruppenbildes.

Vereinigungen soll es in ihrer Hochphase 1929 in Berlin gegeben haben, mit schätzungsweise 1600 Mitgliedern. Andere Quellen sprechen sogar von bis zu 5000 aktiven Männern. Mit unschuldig klingenden Namen wie ‚Immertreu', ‚Deutsche Kraft' oder ‚Weiße Rose' sind die kriminellen Vereinigungen wie vorgeschrieben ins Vereinsregister eingetragen. Sie tarnen sich als Geselligkeits-, Männergesangs-, Spar-, Sport- oder Vergnügungsvereine." Dabei haben Vergnügen und Geselligkeit allerdings eine derbe Note, denn Vereinsmitglieder sind die Ganoven und Gauner Berlins. Ohne Vorstrafe ist eine Aufnahme kaum möglich. Diese Vereine sind eine typische Berliner Erscheinung der 1920er-Jahre.

Ihre Tätigkeit besteht in Einbrüchen, Diebstahl, Schutzgelderpressung, Schmuggel, Hehlerei, Drogenhandel und Zuhälterei. Die Vereine kontrollieren alles, von der Kaschemme im Osten Berlins bis zum vornehmen Etablissement im eleganten Westen: „Sie vermitteln Schuhputzer und Toilettenfrauen, Portiers und Türsteher, Anreißer und Zettelverteiler, Bardamen und Animiermädchen. Die Vereine sorgen dafür, dass die ‚Pferdchen' der rund 10 000 Zuhälter alle einen Platz erhalten. Sie verteilen die käuflichen Mädchen auf bestimmte Lokale, damit das Gewerbe gleichbleibend floriert."

Ende der 1920er-Jahre verhagelt das Verschwinden von zwei kleinen Mädchen, die wenig später missbraucht und ermordet aufgefunden werden, den Ringvereinen das Geschäft. Die Polizei sucht den Täter und führt Razzien in der Halbwelt durch. Nachtbars, illegale Spielclubs und Homosexuellenlokale verzeichnen Besucherrückgänge. Per Zufall bemerkt ein Schnürsenkelverkäufer einen gut gekleideten Herrn mit einem kleinen Mädchen an der Hand und gibt „Ringalarm". Die Kriminellen stellen den Täter mit dem Kind in einem Abrisshaus, bringen das Mädchen zur Polizei und veranstalten gegen den Sexualstraftäter einen „Prozess", in dessen Ergebnis der Täter umgebracht wird. Diese Geschichte ist der Stoff zu einem der berühmtesten Filme der 1920er-Jahre, denn auf ihr basiert Fritz Langs *M – Eine Stadt sucht einen Mörder* von 1931, einer der ersten Tonfilme. Lang lässt sich von den Ringbrüdern beraten, damit das Milieu möglichst authentisch dargestellt wird. Die „Herren“ nötigen ihn dazu, 20 Statisten aus den eigenen Reihen für die Produktion zu engagieren.

Das sind die Kehrseiten der Vergnügungsindustrie des Berlins der 1920er-Jahre. Verbrechen, organisierte Kriminalität, das skrupellose Ausnutzen der Armut von Menschen, Drogenhandel, Erotik und Sexualität, Tabubruch jeglicher Art machten damals wohl noch mehr als später den inoffiziellen Berlin-Slogan „Arm, aber sexy“ zu einer euphemistischen Umschreibung dieses Teils der Berliner Lebenskultur.

Baker entdeckt hier das nach ihrem Geschmack beste Bier der Welt.

1924 feierte der Jazz seinen Durchbruch in Berlin. US-Tänze wie Shimmy, Foxtrott und Charleston eroberten die Tanzpaläste. Dort frönten grell geschminkte Damen und mit reichlich Pomade geschniegelte Herren dem Tanzvergnügen, gern auch animiert durch Rauschgiftkonsum. Das Nelson-Theater am Kurfürstendamm präsentiert Silvester 1925 eine Varieté-Sensation: Die 19-jährige schwarze US-Tänzerin aus der Pariser „Revue Nègre“, Josephine Baker, wirbelt mit ihrem Tanzpartner aus dem Senegal, Joe Alex, in ihrem rasend schnellen „Danse sauvage”, dem wilden Tanz, über die Bühne. Berühmt ist der Auftritt der Amerikanerin mit dem Röckchen aus Plüschbananen, das sie, ab April 1926 begleitet von ihrer „Charleston Jazz Band“, in Berlin zum ersten schwarzen Superstar macht. Die Kulturzeitschrift *Der Querschnitt* schrieb: „Ihr Popo, mit Respekt zu vermelden, ist ein schokoladener Grieß-Flammeri an Beweglichkeit.“ In ihren Memoiren schreibt Baker, sie habe in keiner anderen Stadt so viele Blumen und Geschenke bekommen wie in Berlin: „Berlin, das ist schon toll! Ein Triumphzug. Man trägt mich auf Händen.“ Sie entdeckt hier das nach ihrem Geschmack beste Bier der Welt.

Das Berlin der 1920er-Jahre bietet ein Nachtleben, das international seinesgleichen sucht. Hunderte Lokale locken Städter, Gäste aus der Provinz und bald aus aller Welt. Von Varietés und Revuetheatern, von Kinos und Lichtspielhäusern und von der faszinierenden Theatermetropole Berlin ist schon erzählt worden. Aber von einem berühmten Haus muss zum Abschluss dieses Kapitels noch mit einer Passage aus Nathalie Boegels Buch berichtet werden: „Der Potsdamer Platz wird vom ‚Haus Vaterland' beherrscht, hell erstrahlt die mehrstöckige Fassade im Lichterglanz. In diesem gigantischen Animierpalast, der vom Hotel Kempinski betrieben wird, können 6000 Gäste gleichzeitig in einem Dutzend unterschiedlicher Themenrestaurants – Löwenbräu, Wildwest-Bar, spanische Bodega – speisen. Die Architektur ist bombastisch, es gibt Marmortreppen, künstliche Seen und riesige Panoramabilder an den Wänden. Zwölf Kapellen spielen in dem Haus, 24 kostümierte Tänzerinnen zeigen ihre schönen Körper und 50 Kabarettkünstler ihre Nummern, halbseidene Damen hoffen hier auf zahlende Kundschaft. Wer als Tourist nach Berlin kommt, aus dem Inland oder aus dem Ausland – das ‚Haus Vaterland' muss man gesehen haben."

Eine Million Gäste jährlich: Das 1928 eröffnete „Haus Vaterland" am Potsdamer Platz war ein nachts illuminierter Amüsierbetrieb, stadtbekannt die stündliche Gewittersimulation in der „Rheinterrasse".

„Riese in der Leistung, Zwerg im Verbrauch" – Hugo Stinnes und die Automobilmetropole Berlin

Hugo Stinnes (1870–1924) wurde „Assyrerkönig" genannt: Der Industrielle mit repräsentativer Villa in Berlin-Grunewald galt als privat sparsam und schuf ein riesiges weltweites Konzernimperium.

Wenn die Jungenbande Geld hatte, dann nahmen die „Blutsbrüder", so erzählt Haffner, ein Taxi, um sich in Berlin fortzubewegen. Autodiebstahl gehörte schon zum kriminellen Repertoire der Clique, zumindest für die Älteren. Bertolt Brecht war ein regelrechter Auto-Fan. Von Rudolf Schlichter stammt das um 1926 entstandene Brecht-Porträt (S. 64), an dem meist hervorgehoben wird, der Dramatiker sei mit Lederjacke und Zigarre gemalt. Der Hintergrund besteht allerdings aus den Flächen einer Autokarosserie. Lüftungsschlitze einer Motorhaube sind ebenso erkennbar wie der Bogen eines Kotflügels. Brecht hat sogar ein Auto-Gedicht verfasst, und zwar auf einen seiner Wagen der Marke Steyr. Am 27. Mai 1928 schickt er das Gedicht *Die singenden Steyr-Wägen* an die Zeitschrift *Uhu*: „Wir liegen in der Kurve wie Klebestreifen. Unser Motor ist: Ein denkendes Erz." Zu Brechts lautstarkem Missfallen hat Lion Feuchtwanger in seinem Münchner Sittengemälde der Jahre 1921 bis 1924, dem in der Distanz Berlins verfassten Zeitroman *Erfolg* von 1930, die automobile Neigung seines Freundes in der mit skurrilen Zügen ausgestatteten Figur des in der Auto-Branche beschäftigten Ingenieurs, Dichters und Kommunisten Kaspar Pröckl karikiert, der als „Chefkonstrukteur nach Nishnij Nowgorod" soll.

Das Stadtbild Berlins wird im Laufe der 1920er-Jahre immer stärker von den Automobilen geprägt. Das zeigen historische Fotos zum Beispiel vom Boulevard Unter den Linden. Auch die bildende Kunst dokumentiert das. 1922 hat der Impressionist Lesser Ury das Bild *Hochbahnhof Bülowstraße* gemalt. Es ist Nacht, und es regnet. Ury spielt malerisch mit den Scheinwerferlichtern der Automobile, die sich auf dem nassen Asphalt spiegeln. Entlang der Hochbahnbrücke steht eine Warteschlange von Autos, deren Umrisse im Dunkel verschwimmen. Vermutlich sind es Droschken, die auf Kunden warten. Das Bild *Tiergartenallee* von 1925 zeigt den Verkehr vorwiegend schwarzer „Motorwagen", wie es in dieser Zeit oft noch heißt, die auf die Siegessäule zurollen oder von dort kommen. Doch das Pferd bleibt noch immer auf den Straßen präsent. Gustav Hartmanns gegen das Automobil gerichtete Protestfahrt mit der Pferdedroschke von Wannsee nach Paris und zurück fand im Jahr 1928 statt, dank Hans Falladas Roman *Der eiserne Gustav* von 1938 wurde Hartmanns Reise zu Literatur.

Der größte Verkehr herrschte in Berlin am Potsdamer Platz, wo sich fünf große Straßen trafen. Man kennt die Replik des dort 1924 installierten Verkehrsturms, der als erste Verkehrsampel in Deutschland gilt, eine Erfindung aus Amerika. In einem von Bienert zitierten Leseheft von 1926 wurde Kindern aus der Provinz das Funktionieren dieser Anlage so erklärt: „Da der Verkehrsposten von der Mitte des Platzes aus das Gewimmel nicht mehr überblicken konnte, wurde er hochgehoben und in einen Turm gestellt, der hier errichtet wurde und beinahe wie ein kleiner Leuchtturm aussieht. ‚Oberkieker' nennt ihn der allezeit witzige Berliner. Nach allen fünf Seiten kann der Mann im Turm den Platz und die Eingänge der Straßen überschauen. Durch elektrische Lichtsignale regelt er das Überfahren des Potsdamer Platzes. Die Signale sind dieselben wie bei der Eisenbahn."

Das Automobil ist erst auf dem Wege, die Stadt zu erobern. Anfang des Jahres 2019 waren in Berlin mehr als 1,2 Millionen Fahrzeuge registriert. Davon ist das Berlin der 1920er-Jahre noch weit entfernt. 1929 näherte sich die Zahl der in Berlin zugelassenen Automobile erst der Marke von 100 000 Exemplaren. Städtebaulich war die Debatte um das Auto in Berlin bereits voll entbrannt. Der schon erwähnte Stadtrat für Hochbau und Leiter des Amtes für Stadtplanung, Martin Wagner, setzte sich für einen automobilorientierten Stadtumbau ein. Sein ebenfalls 1926 zum Stadtrat ge-

Mittags am Potsdamer Platz: Passanten, Automobile, Doppeldecker, Straßenbahnen – die ersten Ampeln Deutschlands am 1924 installierten fünfseitigen Verkehrsturm steuern die Ströme.

wählter Kollege Ernst Reuter, auch von der SPD, setzte dagegen auf den öffentlichen Personennahverkehr, der vorerst die Oberhand behalten sollte, was die Beförderungszahlen anging. Bahnbrechend war das von Reuter ins Werk gesetzte Unternehmen Berliner Verkehrs-Aktiengesellschaft, die BVG, die 2019 ihr 90-jähriges Jubiläum feierte. Revolutionär war der bereits 1927 eingeführte Einheitstarif in Höhe von 20 Pfennigen, der die Umsteigeberechtigung zwischen den verschiedenen Verkehrsmitteln vorsah, die allerdings noch nicht für die von der Reichsbahn betriebene S-Bahn galt. Der experimentelle Dokumentarfilm *Berlin – Die Sinfonie der Großstadt* von Walther Ruttmann aus dem Jahr 1927 zeigt neben vielen anderen Szenen aus dem Berlin der Epoche vor allem, wie die Massen der Arbeiter und Angestellten mit den Bahnen in die Fabriken und Büros fahren und abends nach Schichtende wieder zurück in die Wohnquartiere. Die S-Bahn wird während der 1920er-Jahre elektrifiziert, sie fährt, wie schon Straßen- und U-Bahn, mit Strom. Arbeitern und Angestellten ist die „Elektropolis" auf diese Weise bereits alltägliche Wirklichkeit.

1929 gab es erste Pläne, den Potsdamer Platz mit Hochstraßen in eine Art Autobahnkleeblatt umzubauen, sodass die Fahrzeugströme ihn kreuzungsfrei hätten passieren können. Die Fußgänger sollten Unterführungen benutzen und mit dem rollenden Verkehr gar nicht mehr in Berührung kommen. Die Weltwirtschaftskrise torpedierte diese Erwägungen. Auch Martin Wagner hatte derartige Vorstellungen. Er veranstaltete 1929 einen Städtebauwettbewerb, der vorsah, den Alexanderplatz als Kreisverkehr zu gestalten. 1931 wurde ein Plan vorgelegt, der insgesamt 47 Kilometer „Autohochbahnen" für Berlin vorsah.

Solche Ideen spiegeln sich auch in dem berühmten Film *Metropolis* des schon mehrfach erwähnten Regisseurs Fritz Lang von 1927, der eine futuristische Stadt der Hochhäuser entwarf. Die Kosten dieses Films waren immens, die UFA hatte daran so sehr zu tragen, dass es Alfred Hugenberg möglich wurde, das durch den Film ins Trudeln geratene Unternehmen zu übernehmen. Es

Futuristisch anmutend und aerodynamisch: Der in Berlin gebaute Rumpler-Tropfenwagen bereits mit Ganzmetallfelgen, zu Flügeln reduzierten Kotflügeln, allerdings ohne Kofferraum

war der international erste Science-Fiction-Film in Spielfilmlänge, der in Babelsberg in der für dieses Projekt gebauten „Großen Halle“ entstand. Heute heißt der Bau „Marlene-Dietrich-Halle“. 36 000 Menschen waren zeitweise für *Metropolis* am Set, und 50 futuristisch anmutende Autos kamen zum Einsatz. Ein Großteil dieser Fahrzeuge wurde am Schluss des Films zerstört; so sah es die Inszenierung vor.

Montiert worden waren im Zeitraum von 1921 und 1924 in Berlin-Johannisthal wohl nur rund 100 Exemplare von diesem aerodynamischen „Tropfenwagen“ des genialen, avantgardistischen und wohl auch verkannten Konstrukteurs Edmund Rumpler. Er kam ursprünglich, wie viele Autokonstrukteure dieser Zeit, aus dem Flugzeugbau. Konstruiert waren diese Fahrzeuge für den realen Betrieb. Kommerziell waren sie ein Misserfolg, vor allem weil sie unzuverlässig waren. Am Ende wurden sie an Berliner Taxifahrer verschleudert, die damit auch nicht glücklich wurden. Die meisten waren froh, dass Lang sie ihnen für *Metropolis* abkaufte. „Tropfenwagen“ hießen sie, weil Rumpler ihre Grundform dem Vorbild des Wassertropfens nachempfunden hatte. Im breiten vorderen Teil brachte er die Insassen unter. Der Fahrer saß vorn in der Mitte über den Scheinwerfern des ersten Stromlinienwagens mit windschlüpfrigem Unterboden. Der Motor lag hinten. Die Frontscheibe war sensationell: Es war das erste Mal, dass im Autobau eine gerundete Frontscheibe verwendet wurde.

Berlin war nicht erst in den 1920er-Jahren zur größten deutschen Industriestadt geworden. Das Schlagwort für eine der führenden Branchen hieß „Elektropolis“. Emil Rathenaus Allgemeine Elektricitäts-Gesellschaft (AEG) und Siemens beschäftigten zusammen mehr als 100 000 Arbeiter. Der Stadtteil „Siemensstadt“ hat seinen Namen von dem Unternehmen. 1923 wird die Bewag als kommunaler Stromversorger gegründet und erzielt große Fortschritte: Sind 1925 nur 25 Prozent der Haushalte am Stromnetz, sind es am Ende des Jahrzehnts 50 Prozent. In der innovationsorientierten Elektroindustrie hält nach 1924 Schritt für Schritt zuerst in Vorformen die Fließbandproduktion Einzug, und das bedeutet für die Arbeiter früher so nicht gekannten Druck. Da hieß es dann im Arbeiterlied:

> *Wer nie bei Siemens-Schuckert war,*
> *bei AEG und Borsig,*
> *der kennt des Lebens Jammer nicht,*
> *der hat ihn noch vor sich.*

Zur Industriestadt Berlin zählte damals auch eine Branche, die zu einem nicht geringen Teil aus Unternehmen wie dem Rumplers bestand und die einen Charakter hatten, den wir mit dem Begriff „Start-up“ bezeichnen würden. Die Tatsache, dass Berlin in dieser Epoche ein Zentrum der Automobilindustrie war, ist heute so gut wie vergessen.

Ulrich Kubisch, der viele Jahre im Deutschen Technikmuseum den Straßenverkehr als Arbeitsgebiet hatte, beschreibt es so: „Nach den Gründerjahren der Kraftfahrzeugindustrie [vor dem Weltkrieg; Anm. des Verf.] erlebte die automobile Welt Berlins einen zweiten Fabrikationsboom in den frühen Jahren der Weimarer Republik, als fast ein halbes Hundert von Kraftfahrzeugschmieden drei- oder vierrädrige Geschöpfe montierte, deren Namen heute kaum noch bekannt sind: AGA, Cyklon, Schebera, Slaby-Beringer usw.“ Die durch die Inflation 1923 angeregte Flucht in die Sachwerte förderte kurzzeitig den Automobilabsatz. Der Konkurrenzkampf der nach der späteren Marktbereinigung verbleibenden Hersteller sorgte dafür, dass der Automobilpreis zwischen 1925 und 1933 etwa um die Hälfte sank.

Die in ihrer Fertigungstechnik zu dieser Zeit schon weit rationeller arbeitende US-Konkurrenz trug zu dieser Entwicklung ihren Teil bei. Das lag an der Fließbandtechnik, die Henry Ford in den USA auf die Automobilfertigung übertragen hatte; sein Vorbild waren dabei die Schlachthöfe der großen Metropolen der USA.

Deutschland verbot zeitweise den Import amerikanischer Autos, um die teurer produzierenden deutschen Hersteller zu schützen – allerdings nicht den Import von Autoteilen, die als Ersatzteile für die in Deutschland laufenden US-Wagen gefragt blieben.

Genau aus diesem Grund konnte das erste Massenauto der Welt, der Ford Modell T, das seinen Siegeszug der Nachfrage der amerikanischen Farmer verdankte, auch für einige Zeit in Berlin zusammengebaut werden. Am 18. August 1925 wurde die Ford Motor Company in Deutschland offiziell ins Handelsregister eingetragen. Für den Montagebetrieb wurden am 2. Januar 1926 im Berliner Westhafen Lagerhallen angemietet, in denen drei Monate später, am 8. April 1926, das erste Ford T-Modell „Made in Germany" fertiggestellt wird; wenn schon nicht das ganze Automobil, so hatten ja die Teile aus den USA importiert werden dürfen. Insgesamt hat Ford in der Berliner Zeit rund 37 000 Autos gebaut. Anfang der 1930er-Jahre zog Ford nach Köln um, wo neben Henry Ford auch der damalige Kölner Oberbürgermeister Konrad Adenauer bei der Einweihung des Werkes dabei war.

Werkschluss bei der Siemens & Halske AG in der Siemensstadt, Radierung von Franz Graf aus dem Jahr 1924

Im Jahr 2019 feierte auch eine Berliner Automarke ihren 100. Geburtstag. Im Herbst 1919 wurde in Berlin nämlich der erste AGA-Wagen der Öffentlichkeit präsentiert. „Der Aga-Wagen ist im armen Deutschland der Wagen des klugen Mannes, der Wagen der Gegenwart und der Zukunft“, lautete einer der etwas sperrig geratenen Werbesprüche der AGA-Werke in der Herzbergstraße in Berlin-Lichtenberg. Auch der Autonarr Bertolt Brecht kannte das Fabrikat. Kurz vor seinem endgültigen Wechsel nach Berlin im Sommer 1924 finden sich in seinen Notizen folgende Stichwörter zu seinen Wünschen und Plänen an der Spree: „lernen: chauffieren – moderne jamben – stückkomponieren – fotografieren – skifahren – [...] armbanduhr/hose aus cord/hemden aus khaki + rohseide/aga-kleinauto/schwarzer gummimantel.“ Dieser Wunschzettel des jungen Dramatikers ist teils aufs Dichterische, teils aufs Äußerliche gerichtet, doch es ist durchaus zu registrieren: Der Führerschein stand bei Brecht ganz oben.

So präsentiert der erste AGA-Prospekt von 1919 das repräsentative Fabrikgebäude in der Herzbergstraße in Berlin-Lichtenberg: Heute erinnert bei dem Bau nichts mehr an seine Vergangenheit als Autowerk.

Die seit Langem weitgehend vergessene Lichtenberger Automarke war damals auch bei wichtigen Kirchenleuten in Gebrauch. Dazu ein in Ruhestand lebender Brandenburger Pfarrer, der 2016 in einer persönlichen Mail schrieb: „Der erste motorisierte Generalsuperintendent in Deutschland war Otto Dibelius (1880–1967). Als er 1924 in dieses Amt berufen wurde, wollte er in sechs Wochen die 38 Kirchenkreise der damaligen Kurmark zwischen Prenzlau, Pritzwalk und Baruth besuchen und beschaffte sich einen ‚gebrauchstüchtigen Kleinwagen' der Firma AGA (Berlin-Lichtenberg): 1,4 Liter Motor, 22 PS. Sein Reiseprogramm von 4000 km bewältigte er in 43 Tagen. In unserer Zeit fährt kaum ein kirchlicher Prominenter mit einem gebrauchstüchtigen Kleinwagen in die Provinz." Der gebürtige Berliner Dibelius hatte das Amt bis Ende Juni 1933 inne und war nach 1945 Bischof der Evangelischen Kirche Berlin-Brandenburg und Ratsvorsitzender der Evangelischen Kirche in Deutschland.

Der Begriff „Kleinwagen" muss ebenso wie der Terminus „Cabrio" für den AGA, mit dem ein Journalist den Traumwagen Brechts bezeichnet hat, erläutert werden. Der AGA-Wagen ist ein Viersitzer, rechts gesteuert, wie das damals die Regel war, und füllt eine Normgarage gut aus. Offene Wagen mit einem Textilverdeck sind in den 1920er-Jahren eine gängige und keineswegs besondere Bauform der Karosserie. Überhaupt ist das Automobil noch anders zu verstehen: Der Hersteller fertigte Motor und Fahrgestell, die Karosserie galt grundsätzlich als Zulieferteil. So kommt es, dass kaum ein AGA dem anderen gleicht. Ein VW-Golf ist ein Golf ist ein Golf. Alle paar Jahre bekommt das Kleid einen neuen Schnitt, und dann geht es wieder so weiter. In den 1920er-Jahren war das anders. Es gibt den AGA-Wagen mit mehr als zehn verschiedenen Karosserie-Fabrikaten, und die Varianten der Aufbauform der einzelnen Karosseriebauer multiplizieren sich ins Vielfache dessen. Diese Vielfalt liegt auch in den mangelnden Fertigungskapazitäten dieser noch immer jungen deutschen Industrie begründet.

Der imposante AGA-Fabrikbau des bekannten Berliner Industriearchitekten Bruno Buch in rotem Backstein steht noch heute und ist Nachbar des Krankenhauses Königin-Elisabeth-Herzberge. Ursprünglich hatten in der Fabrik Flugzeugmotoren gebaut werden sollen. Das Gebäude war noch im Bau, als der Krieg 1918 zu Ende ging. Der Bedarf an Flugzeugmotoren erstarb schlagartig, und das Deutsche Reich durfte alsbald gar keine Kampfflugzeuge mehr besitzen. Kurzerhand wurde entschieden, ein Auto zu bauen. Die Arbeiter und die Fertigungsmaschinen hatte die Firma schon, die Fabrik ohnehin. Die Pläne des ersten Modells waren mit hoher Wahrscheinlichkeit deutsche Kriegsbeute. Der AGA-Wagen war eine überarbeitete Kopie des belgischen Fabrikats „Fabrique Nationale“ (FN). In späteren Prozessen mit den Belgiern hat die Berliner AGA das bestritten und bekam vor den deutschen Gerichten auch Recht. Aber abgesehen davon, dass Einzelteile des FN und des AGA recht ähnlich aussehen, passen zum Beispiel Bremstrommeln des FN auch auf den AGA. Das hat der inzwischen verstorbene, aus Berlin-Lichterfelde stammende Lübecker Tierarzt Falk Gottwald bestätigt, der aufgrund der schwedischen Herkunft seiner Mutter ein besonderes Interesse am AGA-Wagen hatte, sodass er sich im Lauf mehrerer Jahrzehnte ein Exemplar aufgebaut hat.

Modische Karosserie, markanter Spitzkühler und eckige Kotflügel

Der Firmenname „AGA“ ist eine Abkürzung, die mehrere Auflösungen hat. Das erklärt sich aus der Geschichte des in seinem Ursprung schwedischen Unternehmens. Die „Aktiebolaget Gas-Accumulator“, auf Deutsch „Aktiengesellschaft für Gas-Akkumulatoren“, wurde 1904 gegründet und übernahm bald eine kleine Fabrik zur Acetylenproduktion in Stockholm. 1912 wurden moderne Fabrikanlagen in Lidingö gebaut. Gleich zu Beginn stellte AGA Nils Gustaf Dalén als Chefingenieur an. Er erhielt 1912 den Nobelpreis für Physik „für seine Erfindung selbstwirkender Regulatoren, die in Kombination mit Gasakkumulatoren zur Beleuchtung von Leuchttürmen und Leuchtbojen verwendet werden". Diese Erfindung legte den Grund für den Erfolg der AGA und ihre internationale Expansion. Im Krieg hatte die Berliner AGA-Niederlassung u. a. Teile für deutsche Maschinengewehre hergestellt. Als sich die Schweden und nicht zuletzt Dalén persönlich entschieden hatten, 1919 in Lichtenberg ein Automobil zu produzieren, firmierten sie das Unternehmen um: „AGA" bedeutete fortan auch noch „Aktiengesellschaft für Automobilbau".

Selbstbewusst hieß es in einem AGA-Prospekt: „Wir garantieren, daß es keinen Wagen auf der Welt gibt, der aus besserem Material gebaut sein kann als unser AGA-Wagen. Wir haben nicht den Wert darauf gelegt, einen billigen Wagen zu bauen, sondern wir wollen in großen Serien den besten deutschen Wagen liefern, der in der Steuerklasse gebaut werden kann." Der AGA erreichte relativ hohe Stückzahlen, man kann schätzungsweise von rund 20 000 Fahrzeugen ausgehen, die in dem durch Perioden wirtschaftlich bedingter Produktionspausen unterbrochenen Jahrzehnt zwischen 1919 und 1929 hergestellt wurden.

Bekannt wurden die AGA-Wagen durch die äußere Gestaltung eines besonderen, nach dem Weltkrieg modischen Karosserietyps mit markantem Spitzkühler, eckigen Kotflügeln und einem Verdeckkasten, in dem das Faltdach verstaut werden konnte. Das galt als „rassig". Auch Werbung wurde getrieben. Zeitweise war Orange die Markenfarbe, mit der der geschwungene Schriftzug unterlegt war. Das dreieckige Markenzeichen mit den drei ineinander gestellten Großbuchstaben prägte das Markenbild und wurde in einer witzig anmutenden Werbegestaltung, auf dem ein AGA-Wagen unter Palmen fährt, an die Stelle der ägyptischen Pyramiden gesetzt. Der Fahrer trägt auf dieser Anzeige einen Fez. Die Herrschaften sitzen im Fond mit Sonnenschirm. Der AGA-Wagen ist allerdings schon für den Selbstfahrer konzipiert, der aus beruflichen Gründen den Wagen braucht, etwa für den Handwerksmeister oder den reisenden Vertreter. Es werden bereits beachtliche Strecken zurückgelegt – Dibelius ist da keine Ausnahme. Die

AGA-Wagen mit Berliner Zulassung (Kennzeichen IA) auf winterlicher Straße: Die Insassen tragen Kappen, die Frontscheibe ist sicherlich nur für das Foto heruntergeklappt (undatiert).

Variabilität der Karosserie ist wichtig. Auf den offenen Wagen des Bäckermeisters ist unter der Woche ein Kastenaufsatz fürs Ausliefern aufgesteckt, der am Sonntag für den Ausflug mit der Familie entfernt werden kann.

Andere Anzeigen bilden den selbstbewussten Herrenfahrer ab, der zeitübliche Automobilisten-Kleidung trägt: Knickerbocker, Fliegerbrille, Schal, natürlich Schlips oder Fliege. Der AGA ist kein Oberklassefahrzeug. Er ist nicht gedacht für die reichen Leute, die selbstverständlich einen angestellten Fahrer haben. Wer allein fährt, muss unterwegs viele Wartungsarbeiten erledigen. Das Pannenrisiko war weit höher als heutzutage. An der Seite waren darum auch oft sogar zwei Ersatzräder befestigt. Einige Ausführungen hatten unter dem Einstiegbrett eine breite Schublade mit diversen Ersatzteilen und Werkzeugen. Außerdem gab es ein reichsweites Netz von AGA-Vertretungen und spezialisierten Werkstätten.

Das Produkt Automobil vermittelt im Marketing ein Identifikationsschema für den Konsumenten, das dem Käufer die Aufwertung seiner Persönlichkeit suggeriert. Das Auto ist bereits auf dem Weg zum Prestigeobjekt für die gehobene Mittelklasse. Das ist auch die Strategie der Berliner Autobauer von AGA. Selbstverständlich gehört dazu schon die Beteiligung an Rennen, vor allem auf der nagelneuen und schnurgeraden Automobil-Verkehrs- und Übungsstraße AVUS, die inzwischen Teil der A115 ist. Dort feiert Fritz von Opel mit seinem Raketenwagen Geschwindigkeitsrekorde. AGA siegt mit Ingenieur Willy Loge im Juni 1921 beim allerersten damals so benannten „Grunewald-Rennen" auf der AVUS in seiner Klasse. Auch die „ADAC-Reichsfahrt" bringt AGA Siege. Am wichtigsten war die Teilnahme mit eigens konstruierten 30 PS starken TF-Rennwagen an der berühmten Rallye Targa Florio auf Sizilien.

Die AGA-Werke in Lichtenberg waren in der Weimarer Republik ein nennenswertes Unternehmen der deutschen Automobilindustrie. Wirtschaftlich kam AGA jedoch nie wirklich auf die Beine. 1922 übernahm der rheinische Großindustrielle Hugo Stinnes die AGA-Werke und verleibte sie dem Stinnes-Trust ein. Zu seiner Auto-Sparte gehörten bereits die Rheinische Automobilbau-AG Rabag, die in Lizenz Bugatti-Wagen baute, und die Dinos-Autowerke in Berlin.

Hugo Stinnes gilt als Prototyp des Inflationsgewinnlers. Dennoch gehört er mit dem sogenannten Stinnes-Legien-Abkommen zwischen ihm und Carl Legien, dem Vorsitzenden der Generalkommission der Gewerkschaften Deutschlands, vom 15. November 1918 zu den Begründern der Sozialpartnerschaft. Das Abkommen hieß offiziell „Satzung für die Arbeitsgemeinschaft der industriellen und gewerblichen Arbeitgeber und Arbeitnehmer Deutschlands". Es war eine Kollektivvereinbarung zwischen 21 gewerblichen und industriellen Arbeitgeberverbänden und sieben Gewerkschaften. Sie sicherte wesentlich den Übergang von Kriegs- zu Friedenswirtschaft und brachte den Acht-Stunden-Tag.

Hugo Stinnes war eine unternehmerische Ausnahmepersönlichkeit. Offenkundig hatte er die Automobilindustrie durchaus als Wirtschaftszweig der Zukunft im Blick und hatte Pläne für ein Tankstellennetz. Vom Staat übernahm er die AVUS und baute sie als erstes Stück einer Autobahn in Deutschland zu Ende. Sie diente als Rennstrecke. Gegen Gebühr durften Automobilisten dort Gas geben, ohne Rücksicht auf andere Verkehrsteilnehmer nehmen zu müssen. Der Bau war jedoch schlecht ausgeführt, Wellen und Schlaglöcher waren bald an der Tagesordnung. Anhand der AVUS lernten deutsche Straßenbauer, wie der Bau von Schnellstraßen für Autos funktioniert. Hugo Stinnes senior starb am 10. April 1924 in seiner herrschaftlichen Berliner Villa in der Douglasstraße im Alter von 54 Jahren sehr früh und überraschend. Das Haus steht noch. Der Garten ist als Grünanlage öffentlich zugänglich. Das Haus in der teuren Grunewaldlage ist so nah an der AVUS gelegen, dass man den Lärm der Rennwagen dort nicht überhören konnte.

Welche Bedeutung diese Figur für die deutsche Wirtschaft der 1920er-Jahre hatte, zeigt diese Passage aus einem Artikel des *Spiegel* vom 12. Juni 1957: „Als Stinnes senior im Wilmersdorfer Krematorium aufgebahrt lag, umgeben von einer Totenwache, die sich aus Kapitänen seiner Flotte und Knappen seiner Bergwerke rekrutierte, hinterließ er den Seinen das größte Konzernreich Europas. Es bestand aus nicht weniger als 1535 Unternehmen mit rund 3000 Fabriken und Filialen, darunter waren 81 Kohlenbergwerke, 56 Hütten- und Walzwerke, 100 Fabriken der Metallindustrie, 66 Unternehmen der chemischen, der Papier- und der Zuckerbranche sowie 57 Bank- und Versicherungsfirmen, 37 Raffinerien und Ölfelder und schließlich 389 Handels- und Verkehrsgesellschaften. Stinnes war der reichste Mann Europas. Das Riesengeflecht der von ihm kontrollierten Unternehmen erstreckte sich von Deutschland bis Südafrika und von den Inseln des Indischen Ozeans bis nach Nord- und Südamerika. Er würde Jahre gebraucht haben, hätte er sein Imperium inspizieren wollen. Der vierschrötige Mann, den man seines pechschwarzen Haares und seines exotischen Aussehens wegen den Assyrerkönig nannte, galt und gilt noch heute als der genialste Konzernarchitekt seit der industriellen Revolution."

Dieses Firmengeflecht zerbrach nach seinem Tod nicht nur wegen der Erbstreitigkeiten innerhalb der Familie, die in ihren Fernwirkungen noch Konrad Adenauer in seiner Zeit als Bundeskanzler beschäftigten. Der älteste Sohn Edmund Stinnes wurde

AGA-Zeitungsanzeige mit Zwerg und Riese: Der AGA-Wagen schafft auch Steigungen in den Bergen, so die Werbebotschaft (undatiert).

Aufsichtsratschef der AGA-Werke.

1000 Wagen im Monat hatte AGA bauen wollen, und das wäre nur mithilfe der Fließbandproduktion möglich gewesen. Schwedische AGA-Unterlagen berichten von einer Reise von AGA-Vertretern in die USA, wo sie sich bei der Konkurrenz mehr oder weniger offen für die ihnen noch fehlende Technologie interessierten. Aber um rasch eine Fließbandproduktion für Automobile auf die Beine zu stellen, wären die Investitionen zu immens gewesen – ganz abgesehen von dem mangelnden deutschen Know-how. Noch entscheidender dürfte gewesen sein, dass die Zulieferindustrie noch nicht in der Lage war, die einzelnen Teile in der notwendigen Stückzahl ans Fertigungsband zu liefern. Da stieß man in den 1920er-Jahren in Berlin noch an die Grenzen der industriellen Möglichkeiten. Oder wie es Lion Feuchtwanger 1930 in *Erfolg* formulierte: „Amerika fabrizierte nach 117 Modellen 2 026 000 Wagen. Deutschland verwendete für 27 000 Wagen 152 Modelle."

„Ein Riese in der Leistung, ein Zwerg im Verbrauch" war der bekannteste Werbespruch für den AGA-Wagen. Für einen Erfolg beim Kunden war er jedoch noch bei Weitem zu teuer. Das Berlin der 1920er-Jahre war eine Stadt der Fußgänger, der Radfahrer, der BVG-Kunden und nur weniger Autofahrer. Aber der Traum vom Automobil für jeden wurde schon kräftig geträumt, die Faszination Automobil war schon längst geboren, und das keineswegs nur bei den Männern.

Im Auto um die Welt – Berlinerinnen übernehmen das Steuer

Sie verkörpert den neuen Typus Frau in den 1920er-Jahren: die Berlinerin Marlene Dietrich gibt auch während einer Drehpause 1929 die *Femme fatale*.

Franz Hessel war ein jüdischer Literat und Schriftsteller, der beim Rowohlt Verlag in Berlin als Lektor tätig war. Von ihm gibt es ein Bändchen mit dem Titel *Schöne Berlinerinnen*, das *Frauenporträts* enthält, darunter Beschreibungen von Geschehnissen rund um Berlinerinnen als Frauentypen, aber auch Porträts von Berlins späterer Ehrenbürgerin Marlene Dietrich oder der Bildhauerin Renée Sintenis. Sie ist berühmt durch ihre Skulptur des Berliner Bären, der noch aus Zeiten der Teilung Deutschlands auf dem Autobahnmittelstreifen in Dreilinden und auch an der A9 in München steht; erst recht bekannt ist ihr Bär, weil er als Vorlage für den Berlinale-Bären diente, den Preis der Internationalen Filmfestspiele in Berlin.

Hessel beginnt sein Bändchen mit einer Hommage „An die Berlinerin“: „Schöne Berlinerin, du hast bekanntlich alle Vorzüge. Du bist tags berufstätig und abends tanzbereit. Du hast einen sportgestählten Körper, und deine herrliche Haut kann die Schminke nur noch erleuchten. In den sogenannten geistigen Dingen hast du – wie sagt man doch auf Neudeutsch? – ‚letzten Endes‘ immer die richtige ‚Einstellung‘. Mit der Geschwindigkeit, mit der deine Stadt aus klobiger Kleinstadt sich ins Weltstädtische mausert, hast du Fleißige schöne Beine und die nötige Mischung von Zuverlässigkeit und Leichtsinn, von Verschwommenheit und Umriss, von Güte und Kühle erworben.“

Ganz offenbar ist dieser Typ Frau, den dieser wunderbar leicht die Feder führende Feuilletonist beschreibt, voll im Beruf – anscheinend ist Familiengründung nicht erster Zweck ihres Daseins, sondern das Vergnügen der Metropole. Außerdem, so Hessel, nimmt sie an den „sogenannten geistigen Dingen“ teil.

Ganz anders war das Leben der Frauen der Unterschichten, die mit Kriegsbeginn 1914 begannen, die Männer zu ersetzen, die in den Fabriken fehlten, und die durch ihre Arbeitsleistung maßgeblich die deutsche Rüstungsindustrie stützten. Das Kaiserreich hatte von Beginn an deutlich gemacht, dass diese Emanzipation nur vorübergehend auf „Leihbasis" erfolgte. Die Konsequenz war, dass die Frauen nach Kriegsende mit dem Eintreffen der demobilisierten Soldaten massenweise entlassen wurden, auch in der Berliner Industrie, die zum Ende des Krieges mit bis zu 90 Prozent fast ausschließlich für den Kriegsbedarf produziert hatte.

Das Frauenwahlrecht war eine der wesentlichen Errungenschaften der Revolution. Die Realität blieb jedoch von der Verwirklichung einer Gleichstellung weit entfernt. Blickt man zum Beispiel in die Berliner Stadtverordnetenversammlung, so waren 1919 nur 17 Prozent der Stadtverordneten Frauen, nämlich ganze 25. Und unter den Mitgliedern der rund 800 Berliner Arbeiterräte gab es nur 37 Frauen.

Der Trend bezüglich des Verhältnisses der Geschlechter ging in den 1920er-Jahren nicht nur, aber vor allem auch in Berlin weg von der romantischen Liebe. An ihrer Stelle sollten Rationalität und Wissenschaftlichkeit ganz im Sinne der Neuen Sachlichkeit die Ideale von Kameradschaftlichkeit und Partnerschaft in den Vordergrund rücken. So schreibt es der in Würzburg tätige Geschichtsprofessor Peter Hoeres in seinem Band *Die Kultur von Weimar. Durchbruch der Moderne* von 2008.

Korsett war passé, die arbeitende Frau trug Kostüm.

Drahtgestell und Korsett waren passé, die arbeitende Frau trug Kostüm. Die Damenmode näherte sich der Herrenmode an. Man denke an Marlene Dietrich – das Körperideal wurde sportlich, in mancher Hinsicht androgyn. Der „Bubikopf" war die Frisur der Epoche, einfach, bequem, pflegeleicht. Nicht alle Frauen konnten teure Mode von der Stange im Warenhaus kaufen. Arbeiterinnen und die nach wie vor eher weniger gern gesehenen Studentinnen nähten selbst, die Verlage boten schon in den 1920er-Jahren Vorlagen für einfache Schnitte an.

Die Frau zwischen klassischem Rollenbild und modernem Chic: Waschmittelwerbung aus dem Jahr 1922

Das Bild der selbstbestimmten, modernen, gern auch einmal verruchten und mit Zigarettenspitze rauchenden Frau bis hin zum „Vamp" kam in der Realität eher selten vor, war aber in Werbung, Literatur, Film und Revue gängig. Gesellschaftlich vorherrschend war bei aller Begeisterung fürs Nachtleben am Ende doch das Leitbild der Frau, die ihr Leben Haushalt und Kindern widmet. In der Lebenswirklichkeit gab es Bemühungen, dieses Dasein zu erleichtern, auch im Städtebau. Nicht in Berlin, sondern in den Frankfurter Siedlungen des Neuen Bauens entwarf die österreichische Architektin Margarete Schütte-Lihotzky, eine der ersten Frauen in diesem Beruf, die bekannte „Frankfurter Küche", den Urtyp unserer Einbauküchen. Die Rolle der Frau wurde definiert als Haushaltsmanagerin und Herrin einer technisierten Küche. Dadurch sollte die Hausarbeit erleichtert werden. Diese Entlastung war nicht zuletzt zugunsten der Berufstätigkeit konzipiert. Wege sollten in der Küche gespart werden, alles sollte griffbereit sein, Energie und Arbeit sollten nicht verschwendet werden. So liegt auch für die gesellschaftliche Realität der 1920er-Jahre das Stichwort „Doppelbelastung“ nahe. Im Laufe der 1920er-Jahre wuchs der Anteil berufstätiger Frauen auf etwas mehr als ein Drittel an. Dienstmädchentätigkeiten in Haushalten gingen zurück. Durch die Einführung des Acht-Stunden-Tags war die geregelte Arbeit in der Fabrik, im Büro oder im Verkauf attraktiver. Vornehmliche Frauenberufe waren Volksschullehrerin, Stenotypistin, Sekretärin, Angestellte.

Marta Feuchtwanger auf einem Porträt um 1926, zu der Zeit, als sie in Berlin den Führerschein machte

Gleichberechtigung gab es zwar im Wahlrecht, doch die Rollenbilder waren damit noch nicht grundlegend verändert. Doch es gab Berlinerinnen, die sich auf ihre Weise in den 1920er-Jahren gegen die überkommenen Rollenmuster entschieden. Wer sind diese Frauen neuen Typs? Was machen sie beruflich, was leisten sie, wie sind ihre Namen? Drei Frauenporträts vermitteln einen Eindruck. Drei Frauen, die jede für sich in Anteilen das gelebt haben, was insgesamt den neuen Typus ergeben mag. Drei Persönlichkeiten, denen gemeinsam ist, dass ihre Biografien den traditionellen Frauenbildern nicht mehr entsprechende Lebenszuschnitte aufweisen, dass sie in ihrem Leben die Richtung selbst bestimmen und dass sie selber das Steuer übernommen haben. Drei Wahl-Berlinerinnen, die Auto fahren, streckenweise ausgesprochen rasant, aber alle drei legen auch schon lange Strecken am Steuer zurück.

DIE SCHRIFTSTELLERFRAU: Marta und Lion Feuchtwanger waren seit 1912 verheiratet, sie stammte aus einem reformjüdischen Elternhaus, er aus einer zur orthodoxen Gemeinschaft zählenden Familie. Anlass war eine Schwangerschaft. Doch die kleine Tochter starb sehr bald. Im Februar 1925, am Aschermittwoch, siedeln die beiden gebürtigen Münchner aus ihrer Heimatstadt nach Berlin über. Wohnungsnot herrscht, die gemietete Dachwohnung am Hohenzollerndamm 34 in der Nähe des Fehrbelliner Platzes ist anderthalb Zimmer groß, mit Bad und Fernsprecher und Blick auf den Grunewald, hält Manfred Flügge in seiner Biografie der Marta Feuchtwanger fest. Nicht ganz acht Jahre lebt das Paar in Berlin.

Lion schenkt ihr gleich in der ersten Berliner Zeit einen Fiat, vermutlich vom Typ 509, langgestreckt, schmal, sportlich. Den Führerschein muss sie erst machen – und dann auch ihn dazu drängen. Der Führerschein kostet 100 Reichsmark. Das ist ein hoher Preis. Sie versäumt viele Fahrstunden, patzt in der mündlichen Prüfung mit einer falschen Antwort, besteht trotzdem, patzt in der Fahrprüfung wieder, weil sie in dem großen Mercedes am Steuer sitzend nicht weiß, wie Rückwärtsfahren geht und richtiges Abbiegen. Sie bekommt den Schein, muss aber erst noch richtig fahren lernen. Und das in Berlin mit dem so viel dichteren Verkehr. Sie hat Unterstützung, übt auf dem Platz hinterm Haus und auf leeren Nebenstraßen. Unfälle passieren trotzdem. Nach einem von ihr unverschuldeten Auffahrunfall kommt ein Polizist zu ihnen nach Hause und wendet sich an den Mann, aber Lion sagt: „Ich verstehe nichts vom Autofahren, fragen Sie meine Frau. Sie ist gefahren." Im Weiteren sagt ihm der Beamte: „Aber wissen Sie, ich kenne Ihre Frau, ich sehe sie öfter, sie fährt ziemlich wild. Wenn sie um die Ecke fährt, steht ein Rad in der Luft." Und der Ordnungshüter rät, ihr einen größeren „richtigen" Wagen zu kaufen. Monate später bekommt sie einen amerikanischen Buick. Auf einem Ausflug nötigt sie ihn, selbst zu fahren. Er schafft es nicht zu bremsen, sie greift ihm ins Lenkrad, die Polizei hat es gesehen, hält sie an, fragt: „Wer von Ihnen hat den Führerschein?" Antwort: beide. Das Können beider entwickelt sich, später fahren sie mit dem Wagen über die Alpen, wechseln sich ab. Auf einer Reise nach Ostpreußen 1932 hält Lion Feuchtwanger am 24. Juli bei Königsberg in seinem Tagebuch fest: „Marta unterwegs sehr nett, sehr geschickt und hurtig bei einem Reifenbruch." Auf der Rückreise schreibt er am 9. August in Marienburg über die Fahrt von Memel, heute Klaipėda in Litauen: „Panne und das Übliche. Dann 360 km hierher gefahren. Marta sehr ausdauernd." Sie mag die offenen Wagen, auch bei großer Kälte, mit Lederhandschuhen bis an die Ellbogen. Und wohl 1926, als sie ihre erste Flugreise nach Marseille macht, darf sie in der fast unbesetzten Maschine an den Steuerknüppel, fliegt immer höher, immer schneller.

Marta Feuchtwanger greift dem Mann ins Lenkrad, sie ist ihm in Sachen Auto überlegen, „im Leben war sie seine Beifahrerin, aber hier war es umgekehrt", kommentiert Manfred Flügge. Das bedeutet nicht, dass sie ihm sonst unterlegen gewesen wäre. Auch und besonders bei seiner Arbeit gilt: „Alles, was er schrieb, las er ihr vor", schreibt Flügge. Sie sei von Anfang an in seine Arbeit eingebunden gewesen. Einträge wie diesen vom 13. Dezember 1931, in dem es um die Abfassung seines Epos *Der jüdische Krieg* geht, finden sich im Tagebuch oft: „Die Vespasian-Szene (Messias) ist nach der Ansicht Martas noch immer nichts. Sie hat leider recht." Draußen nahm das damals niemand wahr. Er mochte Öffentlichkeit nicht, war scheu, sie pflegte sein gesellschaftliches Erscheinungsbild. In Wahrheit war diese Schriftstellerfrau als erste Leserin, Lektorin, Kritikerin notwendig für sein Werk. Er konnte nicht ohne sie schreiben; ansonsten ging es schon auch ohne sie.

Die beiden hatten die Offenheit ihrer Ehe vereinbart, Ehrlichkeit, einschließlich des gegenseitigen Zugestehens von Freiheit. Marta hatte auch ihre Verhältnisse, blieb laut Flügge allerdings bei Weitem diskreter als er. In Lion Feuchtwangers nicht für die Nachwelt bestimmten Tagebuch sind explizite Einträge häufig:

„Marta beklagt sich, dass ich sie so wenig vögele. Abends mit Eva gevögelt. Dann mit Marta gevögelt", heißt es unter dem 9. Februar 1932. Dennoch ist diese Ehe in dieser Hinsicht nicht schmerzfrei für sie, zumal, als ihr Mann eine dauerhafte zweite Beziehung eingegangen ist. „Marta findet die Uhr der Ellen Frank", hält er am 2. April 1931 fest. Zwei Tage zuvor hatte er mit der anderen Frau geschlafen und dazu notiert: „Leider verliert sie bei dieser Gelegenheit ihre Uhr." Zu Prostituierten, die er „Huren" nennt, geht er schon immer regelmäßig. Auch in Berlin ist Lion Feuchtwanger Freier der „Pferdchen" und Kunde der „Luden".

„Ich habe genug von einem Genie, ich will einen Mann, der mich liebt."

Bertolt Brechts Frau Marianne Zoff dagegen ertrug dessen Untreue nicht mehr und ließ sich scheiden. Marta sagt ihr, wie Flügge berichtet: „Ich weiß, dass es nicht leicht für Sie ist, mit Brecht zu leben, all diese Affären mit anderen. Aber bedenken Sie, er ist ein Genie." Zoff entgegnet: „Ich habe genug von einem Genie. Ich will einen Mann, der mich liebt." Marta Feuchtwangers Biograf diskutiert anhand dieses Gesprächs ihre Rolle als Frau und vermutet, dass sie so auch vor sich selbst das Verhalten ihres Mannes rechtfertigt. Sie sei von ihm abhängig gewesen, selber ohne Beruf und ohne Status, aber: „Die Ehe brachte Marta Feuchtwanger wie anderen bürgerlichen Frauen dieser Epoche nicht nur Verpflichtungen, sondern auch einen Spielraum der Entfaltung."

Sie ist es, die die Last der Suche nach einem Haus, das sie schließlich in der Mahlerstraße 8 finden, der heutigen von den Nationalsozialisten umbenannten Regerstraße, und dann der Fertigstellung des Baus, der Ausstattung und Einrichtung trägt. Am 18. Februar 1931 wird der Kaufvertrag unterschrieben und bezahlt. Dort ist der Wald ganz nahe, die Kiefern duften, trotz-

Familienausflug im Berliner Lunapark, etwa 1927: Hinten stehen (v. l.) Bertolt Brecht, sein Freund, der Journalist Frank Warschauer, Lion Feuchtwanger und sein Schwager Eduard Diamant, vorn sitzen dessen Frau, Feuchtwangers Schwester Franziska, Brechts Frau Marianne Zoff und Marta Feuchtwanger.

dem ist die Berliner Innenstadt nicht weit. Alfred Kerr, der Theaterkritiker, wohnt um die Ecke, der befreundete Schriftsteller Arnold Zweig ist zu Fuß erreichbar, und – der stadtgeografischen Einordnung halber bemerkt – die Anwesen von Stinnes und Rathenau sind in der Gegend. Marta spielt ihre gesellschaftliche Rolle, wirkungsvoll, charmant, mit Bravour. Viele sind im Haus zu Gast: Alfred Döblin mit seiner Frau, der Verleger Ernst Rowohlt, Walter Gropius vom Bauhaus mit Frau, auch der sowjetrussische Regisseur Sergej Eisenstein kommt vorbei. Heinrich Mann findet beim ersten Mal die Adresse nicht. Natürlich ist es Arbeit, ein solches Haus zu führen, aber es kann auch erfüllend sein. Marta kleidet sich außergewöhnlich, trägt in den Berliner Jahren oft elegantes Weiß. Sie weiß um ihre Wirkung. Marta hat Renommee auf dem gesellschaftlichen Parkett.

Heinrich Mann findet beim ersten Mal die Adresse nicht.

Auf einem Foto sehen wir Marta stehend in einem weißen bodenlangen Trägerkleid mit einem aufgeschlagenen Buch in den Händen. Das Haar streng zurückgenommen, blickt sie durch die Linse des Fotografen Walter Bondy den Betrachter an. Ihr Körper ist mit dem zur Seite gedrehten Kopf ihrem Mann zugewandt: Lion Feuchtwanger sitzt links von ihr mit übereinandergeschlagenen Beinen auf einem Stuhl, Unterarme, Hände auf dem Schoß. Er blickt nach rechts an ihr vorbei in unbestimmte Ferne. Sein Sitzen, ihr Stehen kaschieren optisch die schmächtige Gestalt des Mannes. Die deshalb bestimmt so inszenierte Aufstellung ist eingerichtet vor dem Hintergrund von Buchregalen seiner ihm wichtigen Bibliothek. Wir sehen das Schriftstellerpaar Feuchtwanger: Denn obwohl sie unterschiedliche Aufgaben im kreativen Prozess des Schreibens haben, ist sein Werk in Wahrheit viel mehr gemeinsames Werk, als der Name *Lion Feuchtwanger* allein auf den Buchrücken zugesteht.

Das Foto der beiden ist schon im Exil entstanden, im Juni 1934 in ihrem Haus in Sanary-sur-Mer an der Côte d'Azur. Es wäre eine schöne Geste, wenn das heutige Berlin diese beeindruckende Frau mit einer Marta-Feuchtwanger-Straße ehren würde. Sie hatte sich vom Bundesaußenminister, dem von der Witwe schon als Regierenden Bürgermeister verehrten Willy Brandt, gewünscht, die Regerstraße mit dem heute durch eine beiden Feuchtwangers gewidmete Gedenktafel markierten Haus Nr. 8 wieder in Mahlerstraße zurückzubenennen. Berlins Verwaltung hatte auf die seit 1951 existierende Mahlerstraße in Berlin-Weißensee hingewiesen und abgelehnt. Zur etwaigen Verwechslungsgefahr wäre wiederum auf diesen Fall hinzuweisen: Berlin-Hellersdorf hat eine Lion-Feuchtwanger-Straße inklusive eines Lion-Feuchtwanger-Wegs, der von der gleichnamigen Straße als Fußweg zum Teterower Ring führt, und Neukölln einen Feuchtwangerweg. Bei drei Straßenehrungen für ihn wäre eine für sie überfällig, notfalls in Form der in einigen Berliner Bezirken üblich gewordenen Gattinnen-und-Gatten-Straßen als Marta-und-Lion-Feuchtwanger-Straße.

Marta kann vom Haus aus noch besser zum Waldlauf gehen, sie treibt Sport.

Wenn ihr Mann Marta Ausdauer bescheinigt, dann kommt das auch durch ihr sportliches Training. Sie kann vom Haus aus noch besser zum Waldlauf gehen, sie treibt Sport, beim Tennis hat sie den damals für Frauen unüblichen Herrenaufschlag von oben erlernt und gewinnt damit gegen Männer. Um ihren Geburtstag am 21. Januar herum ist sie regelmäßig allein einige Wochen in Skiurlaub, zum Beispiel in Sankt Anton am Arlberg. Sie geht in die Berge. Im Grunewaldsee geht sie oft schwimmen, im Winter läuft sie Schlittschuh. Gelegentlich reitet sie mit dem Mietpferd aus. Im Urlaub und wann immer es geht, schwimmt sie im Meer oder in Seen, und am Gardasee macht sie Furore unter den Hotelgästen, weil sie vom Brett Kopfsprünge macht, auch dann noch, als ein

Schneeschauer niedergeht. Das Ehepaar hat mit Karl Schröder einen persönlichen Trainer, denn Lion muss sich kräftigen, sie kümmert sich um sein „Turnen", also die Gymnastik, und um sein Bewegungspensum, sie sorgt für angemessene Ernährung ihres gesundheitlich fragilen Mannes.

Hommage an die „schönen Berlinerinnen": der jüdische Schriftsteller und Übersetzer Franz Hessel (1880–1941), hier um 1930

Zu den Gästen bei Feuchtwangers gehört auch der Autor und Übersetzer Franz Hessel mit seiner Frau Helena, der den „schönen" Berlinerinnen seiner Gegenwart Attribute wie einen sportgestählten Körper, eine herrliche Haut und in den geistigen Dingen die richtige Einstellung bescheinigt hatte. Auch er muss emigrieren. Sie begegnen sich in Sanary wieder, wie so viele, die sich bereits aus Berlin oder wie Hessel und Feuchtwangers sogar schon aus München kannten.

Was an Marta Feuchtwanger macht den neuen Typus Frau des 1920-er-Jahre-Berlin aus? Gewiss die Eigenständigkeit, die Sportlichkeit, die freie Sexualität, beziehungspraktisch das bewusste Wahrnehmen von Zeiten der Trennung vom Ehemann, die Weltgewandtheit im Umgang mit Menschen auf dem gesellschaftlichen Parkett und mit den Gästen des eigenen Hauses, aber doch auch und vor allem die intellektuelle Kapazität, sich fördernd mit einem Werk wie dem Lion Feuchtwangers schon in dessen Entstehungsprozess auseinanderzusetzen.

Sehr traditionell mutet ihre an Selbstaufgabe grenzende Wahrnehmung der alltäglichen Aufgaben einschließlich des Autofahrens an, womit sie dem „Genie“ Lion Feuchtwanger Leben und Arbeiten optimal erleichtert. Widersprüchlich zu werten, so darf man wohl feststellen, ist das zweifellos dem neuen Rollenbild von Mann und Frau zuzuordnende Bemühen der Praxis einer offenen Ehe, die beiden Partnern maximale Freiheit in der Bindung zugestehen will.

DIE FILMEMACHERIN: Lola Kreutzberg heißt von Geburt her Caroline Sophia Auguste Kreutzberg. Die Wahl-Berlinerin ist Gutsbesitzerstochter aus Nürschau nahe Pilsen in Böhmen. Sie ist studierte Zoologin und wird Wissenschaftlerin. Tiere liegen ihr am Herzen. In München arbeitet sie als Assistentin an der Tierärztlichen Hochschule. Dort ist sie beruflich unzufrieden und geht nach Berlin. Bei der UFA lässt sie sich im „Kurbeln“ ausbilden, wie sie es formulierte, gemeint ist das „Drehen“ von Filmen. Bevor sie zum Film kam, hat sie wohl auch als Journalistin gearbeitet.

Die Filmemacherin Lola Kreutzberg scheint von einem bestimmten Zeitpunkt an, den wir nicht kennen, zielstrebig ihre Karriere verfolgt zu haben. Studium, Filmausbildung und spätere Tätigkeit fügen sich nach allem, was wir von ihr wissen, schlüssig zusammen. Sie nennt sich Forschungsreisende und Filmzoologin. Aber ihr Horizont ist weiter. Die Sitten, Gebräuche, Kulturen exotischer Welten interessieren sie ebenso, und zwar brennend. Lola Kreutzberg hat das offenbar unmittelbar erleben und für ihr Publikum dokumentieren wollen. Wir wissen durch ihr Buch vor allem von einer, insbesondere für eine Frau dieser Jahre, spektakulären Reise. Ausgangspunkt ihrer abenteuerlichen Expeditionsreise ist Berlin, und sie hat sich für einen Motorwagen ebenfalls aus Berlin entschieden, einen AGA. Vielleicht war er ihr gestellt worden, denn die Firma wirbt mit Testimonials von ihr.

Sie hat es auf sich genommen, „diese Expedition ganz allein als mein eigener Regisseur, Operateur, Zoologe und Chauffeur durchzuführen – die einzige Möglichkeit, die Kosten der Expedition auf ein Viertel herunterzudrücken." Anscheinend haben die UFA mit Blick auf das Filmmaterial und der Verlag Reissner in Dresden für das Buch über die Expedition das Projekt vorfinanziert. In Genua verabschiedet sie sich von ihrer einzigen Schwester. Es sei ein „Abschied auf Tod und Leben" gewesen. Sie fährt von Italien aus samt Equipment und Automobil per Schiff in entlegene Weltregionen auf Expedition. Mit ihrem mit Filmausrüstung vollgepackten AGA-Wagen besucht sie eine exotische, unwegsame Region unweit des Äquators: „So habe ich Sumatra, Java, Nias und Bali – nach allen Regeln der Kunst – durchquert."

Die gebirgigen Landschaften auf Sumatra fordern ihr fahrerisches Können heraus: „An der berüchtigten schwierigen Stelle vor Siboga [sic] muß man ca. 1600 Kurven in 2–3 Stunden fahren, in ständiger Lebensgefahr, vor den von unten kommenden großen Omni-Bussen […], die ohne zu tuten um die Ecken sausen, überrannt zu werden." Gemeint ist die Abfahrt in die Hafenstadt Sibolga in Nordsumatra, von wo aus man die Fähre auf die Kopfjäger-Insel Nias nimmt. Ende August 1925 landet sie in Medan. „Dann durchquerte ich Sumatra in meinem kleinen Aga-Wagen, blieb einen Monat in Batavia auf Java und durchreiste sodann auch diese Insel." Am 1. Januar 1926 ist sie „mit Auto und Kurbelkasten" auf Bali.

Die Abenteurerin Lola Kreutzberg hält einen jungen Löwen auf dem Schoß, um 1924.

Filmplakat für Lola Kreutzbergs Film *Bali – Die Insel der Wunder* von 1927

Dass sie mutterseelenallein unterwegs war, schreibt sie, habe ihr geholfen. Türen hätten sich geöffnet, Möglichkeiten sich ergeben, wie es einem Mann nicht passiert wäre. „Die gesamte Presse des In- und Auslandes griff das Schlagwort auf: ‚Die erste deutsche Frau, die eine Expedition allein ohne fremde Hilfe durchgeführt hat.' Ich durchreiste ganz Deutschland in meinem kleinen Agawagen [sic] und sprach zu meinem Bali-Film. So ist mit einem Schlage meine Arbeit bekanntgeworden." Heute ist diese bemerkenswerte Frau augenscheinlich weithin vergessen. Und Kreutzberg hebt hervor, dass „besonders das Ausland Interesse an der sportlichen Seite meines Unternehmens hatte", also an der fahrerischen Leistung. Diesen Aussagen zufolge wird sie national und international damals stark gewürdigt, und sie vermarktet ihre besondere Leistung klug.

Kreutzbergs Filmografie verzeichnet zwei von der UFA-Kulturabteilung in Berlin produzierte Kurzfilme als ihre ersten Filme. Drehbuch, Kamera und Regie – alles hat sie allein erledigt. Beide Filme stammen aus den Jahren 1926/27 von der geschilderten Reise: *Indonesische Tropenkultur. Aus dem holländischen Insel-Indien. Dritte Bildfolge* und *Allerlei Volksbelustigungen in Java. Aus dem holländischen Insel-Indien. Fünfte Bildfolge*. Weitere von diesen Filmen sind offenbar nicht mehr erhalten. Als Produzentin hat sie unter vielen anderen, die bis hinein in die 1930er-Jahre entstanden sind, 1928 den Film *Nuri, der Elefant* betreut, 1929 die beiden Streifen *Der Ring der Bajadere* und *Der Maharadschah von Mysore hat Geburtstag*. Berlin ist fasziniert von Exotik, von exotischen Tieren und von Menschen ferner Länder. Kreutzberg bedient dieses Interesse mit ihrer Arbeit, mit ihren Filmen und Büchern.

Von ihrer Reise erzählt die Autorin Kreutzberg in ihrem 1929 erschienenen Buch *Tiere, Tänzerinnen und Dämonen*. Sie präsentiert sich dem Leser neben dem Titelblatt auf einem Foto in hautnahem Kontakt mit einem Leoparden. Kreutzberg berichtet, wie sie in „Indien" – gemeint ist Niederländisch-Indien, das heutige Indonesien – durch Landstriche kommt, „die wohl selten von Automobilen befahren werden." Die Affen seien vor Angst vor dem Vehikel schreiend davongerannt. Einmal sei ein Affenbaby zurückgeblieben. Kreutzberg fütterte es: „So nahm ich es in mein Auto, wo es, auf ein weiches Polster gebettet, sogleich friedlich zu schlafen begann." Es wird ihr „Reisemaskott", heißt Bibi, kommt mit zurück nach Berlin und lebt mit der Wahlmutter in deren Dachwohnung. Von beiden gemeinsam gibt es ein Foto, das ebenfalls in ihrem Buch abgedruckt ist.

Später führt Kreutzberg die Produktionsfirma Lo-Zoo-Film in der Passauer Straße in Berlin; in anderer Quelle ist die Rede von der Lola Kreutzberg-Film GmbH. Offenkundig laufen ihre Filme als Vorfilme in den Kinos und sind beim Publikum äußerst erfolgreich. Sie widmet sich ferner Unterwasseraufnahmen und erfindet dafür neue Methoden und Vorrichtungen. Auch unter Wasser erobert sie auf eigene Faust neue Welten.

Die *Encyclopedia Britannica* zählt Kreutzberg zu den Pionieren des Tierfilms. Auf diesem filmischen Gebiet hat diese Wahl-Berlinerin Großes geleistet. Lola Kreutzberg ist eine bemerkenswerte Frauengestalt: sportlich, wagemutig, eine Könnerin am Lenkrad, die auch das Steuer ihres Lebens in die eigene Hand genommen hat. Eine Repräsentantin des neuen Frauentyps, wie er im Berlin der 1920er-Jahre öfters anzutreffen ist – selbstständig, begabt, erfolgreich. Aber gerade das missbilligten die Nationalsozialisten und verhinderten nach 1933 weitere Expeditionen Kreutzbergs in die weite Welt.

DIE RENNFAHRERIN: Clärenore Stinnes hatte den Führerschein gleich mit 18 Jahren gemacht. Das war 1919. Die Industriellentochter aus Mülheim an der Ruhr arbeitet als junges Mädchen ohne Erlaubnis ihres Vaters als Verkäuferin und kurz beim Film. Nach der Schule hat ihr Vater sie als Vertraute und Sekretärin herangezogen, auch im Rahmen seiner politischen Arbeit in Berlin; Hugo Stinnes war seit 1920 auch Reichstagsabgeordneter gewesen. Mit seinem Tod kommt der Einschnitt, der verbunden ist mit der Frage, was sie als Frau durfte oder nicht durfte. Clärenore Stinnes erzählt 1981 in einem Interview mit der *Zeit*: „Nach Papas Tod bat

Clärenore Stinnes im offenen Wagen Mitte der 1920er-Jahre

ich Mama, mich an die Seite meiner Brüder in den Konzern aufzunehmen. Doch sie verweigerte mir diesen Wunsch. Das sei nichts für Mädchen." Sie war beim Tod des Vaters 23 Jahre alt, aber gemeint war: Das ist nichts für Frauen.

Ihre Reaktion: Sie nimmt sich eine eigene Wohnung in Berlin. Sie gründet eine Firma und geht damit pleite. Anschließend eröffnet sie eine Handelsfirma und versorgt – vor dem Hintergrund der deutsch-sowjetrussischen Rapallo-Politik – Sowjetrussland mit allem, was die Bolschewiki an Maschinen- und Motorenmaterial brauchten.

Die Autonärrin tut in Berlin etwas in diesem Zeitalter für eine junge Frau ganz und gar Ungehöriges: Mit 23 nimmt sie zum ersten Mal an einem Autorennen teil. Bis 1927 feiert sie 17 Rennsiege, fast nur über männliche Konkurrenten. Auf einem Terrain wie diesem ist man als Frau oft allein unter Männern.

Einmal mehr zeigt ihr Beispiel: Auto und Frau gehörten im Berlin der 1920er-Jahre, wenn auch zunächst nur im Ausnahmefall, bereits zusammen. Das bezeugt auch Franz Hessel in seiner Hommage an die anonyme „schöne Berlinerin", wo er sinniert: „Und was die Liebe betrifft ... Ich habe schon gelernt: die heimliche, von der niemand nichts weiß, ist abgekommen. Und du erzählst, die Hände am Steuer, bei hundert Kilometer Geschwindigkeit auf der Avus ganz gern beiläufig von deinem letzten Liebesweh wie von Zahnschmerzen. ‚Au!' sagst du, ‚gestern habe ich mich grässlich verknallt, noch dazu in einen, der gar nicht mein Typ ist.' Sei doch lieber ein bisschen sentimental, schon der Landschaft und uns alten Zuschauern deiner Jugend zuliebe. Nimm dich nicht gar zu sehr zusammen. Lass dich ein wenig gehn."

Sie gründet eine Firma und geht damit pleite.

Anfänglich startet Clärenore Stinnes unter dem Pseudonym „Fräulein Lehmann", unter dem sie schon unerlaubt gejobbt hatte. 1929 schreibt sie über das erste Rennen, das Bergrennen um den Krupp-Sitz Villa Hügel: „So kam es, dass ich an dem Tag, der für mein ganzes Leben ausschlaggebend sein sollte, unter anderem Namen auftrat." Die Begründung, die die Stinnes-Familienbiografen Bernhard-Michael Domberg und Klaus Rathje 2009 geben, könnte vielleicht auch eine Rolle gespielt haben: „Sie will nicht als Industriellentöchterchen auf der Bühne stehen."

Clärenore fuhr anfangs den Dinos-Rennwagen aus Berliner Fabrikation, der es auf eine Spitzengeschwindigkeit von 130 Stundenkilometern brachte. Im Interview mit der Zeitschrift *Emma* 1980 erläutert sie: „Die Dinos-Werke hatten Papa gehört. Ich fuhr selbst einen Dinos-Wagen und fühlte mich also etwas moralisch verpflichtet." Weiter sagt sie, dass sie ab 1925 unter ihrem richtigen Namen gestartet sei: „Erst noch mit Dinos, dann Aga und ab 1926 Adler. Rennen war meine Wochenendbeschäftigung geworden." Wochentags arbeitet sie am Schreibtisch. Zweieinhalb Jahre lang fährt sie Rennen. Ihre Berliner Wohnung füllt sie mit Trophäen und Pokalen. Die Journalistin Rita Doerschlag nennt sie in den *Leipziger Neuesten Nachrichten* Anfang 1927 „Europas erfolgreichste Autofahrerin".

Wie war sie im Umgang? Von 1927 gibt es eine Beschreibung des österreichischen Journalisten Erich Czech. In Österreichs erster Boulevard-Zeitung, der in Wien erscheinenden *Die Stunde*, schreibt er: „An der jungen Dame fällt auf, daß sie sehr jung ist. Daß sie Hosen trägt (aus fabelhaftem Homespun [das ist ein Stoff in der Art von Tweed; Anm. des Verf.]). Daß sie klein und niedlich ist, wie eine Studentin. Einen martialischen Hut trägt, Borsalino, Fasson ‚zusammengedepscht'. Daß sie in einem fort Zigaretten raucht und gern und viel lacht. Daß sie außer ihrer Muttersprache perfekt Englisch, Französisch, Spanisch und Schwedisch spricht."

Das Automobil wird erst nach dem Ersten Weltkrieg in Deutschland sehr allmählich von einem Vergnügungsobjekt der Reichen zu einem Konsumgegenstand. Dieser Prozess vollzieht sich nicht zuletzt in der Metropole Berlin. Vieles spricht dafür, dass dies auch auf den Einstieg der Frau neuen Typs zurückzu-

Ein Dinos-Rennwagen beim Training auf der AVUS, 1922

führen ist, wie ihn auch Clärenore Stinnes repräsentiert. In der Werbung für Zigaretten, Fahrräder und Automobile tauchen jetzt vermehrt Frauen auf. Zugleich wird das Automobil in den 1920er-Jahren zum Modeattribut der Frau und zum Symbol weiblicher Freiheit und Emanzipation. Auch das verkörpert Clärenore Stinnes. Sie ist die Rennfahrerin, die sich aus gesellschaftlichen Zwängen befreit und damit zum Idol eines Teils der weiblichen Jugend der Epoche wird. Und sie lebt in dieser Zeit eben gerade in Berlin. Wo denn auch sonst?

Das Auto ist auf dem Weg zum Volks-Wagen für alle. Kulturgeschichtlich bedurfte dieser Prozess einer ideellen Vorbereitung. Die Frau hat daran Anteil. Clärenore Stinnes als Propagandistin des Automobils und überdies mit gesundem Geschäftssinn ausgestattet, sagte 1981 im Interview mit der *Zeit* über ihre Rolle: „Egal, ob ich mich platzierte oder als Letzte ins Ziel kam: Eine Dame am Steuer war Reklame genug." Die Kulturwissenschaftlerin Elke Pflugradt fasst das in den 1980er-Jahren so zusammen: „Die Frau, die Mode und das Auto sind eine Allianz eingegangen, die heilig und unheilig zugleich ist: zum einen gehört zum Sozialkontext des Autos die Emanzipation der Frau, zum anderen wird die Frau zum werbeträchtigen erotischen Element degradiert."

Degradieren ließ sich Clärenore Stinnes bestimmt nicht. Im Gegenteil: Sie organisiert 1925 in Berlin die Beteiligung der von ihrem Bruder Edmund mehr schlecht als recht geleiteten AGA-Werke an einer bemerkenswerten internationalen Rundfahrt. Clärenore verkehrte in der Berliner Gesellschaft. Davon zeugen Fotos, die sie in glamourösem Chic bei vornehmen Gesellschaften an pompösen Orten zeigen. Dank ihrer Firma war sie oft zu Gast in der sowjetrussischen Botschaft Unter den Linden. Sie schätzte dort die leidenschaftlich geführten Diskussionen über „Kommunismus contra freie Wirtschaft". Das ehemalige Politbüro-Mitglied Nikolai N. Krestinski, zu der Zeit Botschafter Sowjetrusslands in Berlin, und seine Frau waren mit ihr befreundet. Durch Krestinski lernte sie Leonid B. Krassin kennen, zu dieser Zeit Volkskommissar für Handel in Moskau. Weil Clärenore von den Absatzproblemen der AGA-Wagen ihres Bruders wusste, fragte sie Krassin eigenmächtig, ob es denn in Sowjetrussland Möglichkeiten gebe, Motorwagen aus Berlin zu verkaufen.

Das Autofahren war auch eine physische Herausforderung.

Krassins Antwort: „Es gibt die Bestimmung, dass nur Wagen gekauft werden, die an der Allrussischen Prüfungsfahrt teilgenommen haben." Diese Rallye beginne allerdings schon eine Woche später im soeben umbenannten Leningrad. Clärenore sagte ohne Zögern zu: „Wir sind dabei." Ihr Bruder Edmund ist verärgert und sagte: „Ausgeschlossen!" Die Schwester antwortete: „Aber das

Lager ist voll." Gemeint waren die zu dieser Zeit kaum verkäuflichen AGA-Wagen. Sie wird später schreiben, die Russland-Fahrt sei „von wirtschaftlichen Gesichtspunkten aus aufgestellt" gewesen.

Das Autofahren war in der damaligen Zeit auch eine physische Herausforderung. Servounterstützung war unbekannt, Lenken und Bremsen waren mit Krafteinsatz verbunden. Wind und Wetter waren im offenen Wagen hautnah zu spüren. Die Strecke führte von Leningrad über Moskau über den Kaukasus nach Tiflis in Georgien und zurück bis in die Hauptstadt. 2258 Kilometer auf russischen Straßen, die keine waren.

Die Berliner Satirezeitschrift *Lustige Blätter* nimmt in der Ausgabe vom 11. Juli 1926 Frauen am Steuer auf die Schippe: Die Rede ist vom Sonntagskorso des Damen-Autoklubs *Vierradbremse.*

Clärenore Stinnes kommt während dieser Rallye die Idee, mit dem Auto den Erdball zu umrunden. Sie schreibt 1929: Die Prüfungsfahrt „erweckte in mir den ersten Gedanken an eine Reise um die Welt im Auto." Es war das Ende ihrer Karriere als Rennfahrerin. Doch das neue Projekt erschien ihr sinnvoller, als jedes Wochenende ihr Leben bei einem Sport zu riskieren, in dem man entweder Profi werden oder aufhören musste. Aus der Idee wurde die erste automobile Weltumrundung in der Geschichte, mit einer Frau am Steuer.

In Berlin beginnt sie mit den Vorbereitungen. Sie finanziert die geplante Expedition mithilfe großer Firmen der Automobilbranche wie Bosch, Varta, Aral und Continental und wird vom

Reichsaußenministerium und deutschen Botschaften unterstützt. Ihr Fahrzeug ist das in diesem Jahr erstmals serienreif hergestellte Modell Adler Standard 6. Deshalb startet die Fahrt am 25. Mai 1927 in Frankfurt am Main, wo die Adler-Werke ihren Sitz hatten. Ihr ist wichtig, dass es ein deutscher Serienwagen ist, den jedermann kaufen kann. Sie braucht zwei Jahre und einen Monat für ihre Tour um den Globus. Erst hat sie noch einen Lastwagen zur Versorgung im Tross. Die männlichen Techniker steigen bald aus.

Einer hält durch, und ihn heiratet sie nach der Fahrt und nach dessen Scheidung, um mit ihm in Schweden zu leben: der schwedische Kameramann Carl-Axel Söderström. Er hatte zuvor schon mit Greta Garbo gearbeitet und drehte den Film von der Weltumrundung, der vor der Abfahrt als Stummfilm konzipiert worden

Clärenore Stinnes mit ihrem späteren Ehemann Carl-Axel Söderström in New York, 1929

war. Nach der Rückkehr, inzwischen gab es den Tonfilm, musste vertont werden. Diesem Umstand verdankt die Nachwelt die Dokumentation der schrillen Stimme von Clärenore Stinnes. Der Film *Im Auto durch zwei Welten* wurde 1931 in Berlin produziert. Er dürfte zu den wichtigsten Dokumentarfilmen der Filmgeschichte gehören. Das Buch mit Fotos von Söderström trug denselben Titel und erschien bereits 1929 in Berlin. Dies war eine ganz moderne Form multimedialer Vermarktung des Abenteuers.

Am 24. Juni 1929, Punkt 12 Uhr, treffen sie auf der AVUS, also auf der Straße ihres Vaters, wieder in Berlin ein. In den Räumen der AVUS-Aktiengesellschaft gibt es ein Festessen. Bruder Edmund ist da, ebenso der sowjetrussische Botschafter Krestinski. Verspätet kommt der Helfer Gustav Stresemann hinzu, der kurzzeitige, aber historisch so wichtige Reichskanzler, Friedensnobelpreisträger und Reichsaußenminister sowie gebürtige Berliner. Am Brandenburger Tor, dem endgültigen Zielpunkt im Herzen Berlins, zeigt der Kilometerzähler 46 063 Kilometer.

Clärenore Stinnes war nach dem Tod des Vaters von ihrer Mutter und wohl auch den Brüdern von der Konzernleitung ausgeschlossen worden, obwohl sie doch das väterliche Vertrauen und Zutrauen genossen hatte. Mit großer Entschiedenheit verlässt sie ihre Heimat. Ihr neues, eigenständiges Leben ist das Geschäfts- und Gesellschaftsleben in Berlin, wo sie die wirtschaftlichen, gesellschaftlichen und politischen Verbindungen natürlich auch mit dem Instrument ihres Namens und ihres Hintergrundes nutzt. Sie fährt Autorennen, weil das Auto ihre Leidenschaft ist, was sie zugleich mit einem ökonomischen Kalkül im Sinne von Hugo Stinnes verbindet.

Und sie fährt um die Welt. Weil sie es will und weil sie es kann. Sie ist eine Frau, die sich ihre Rechte nimmt und durch Leistung überzeugt. Sie fordert Gleichberechtigung gar nicht erst ein, denn damit würde sie eingestehen, dass sie nicht gleichberechtigt wäre. Und das ist für sie schlicht undenkbar. Das ist eines der wesentlichen Kennzeichen der Frauen neuen Typs im Berlin der 1920er-Jahre, die sich in dieser Stadt ihre eigene Welt erobern.

SCHLUSSBETRACHTUNG

„Himmlisches Jerusalem“ oder „Hure Babylon“? – Berlin als Millionenmetropole und als Moloch

Das dicht bebaute Berliner Stadtzentrum aus der Vogelperspektive: im Mittelpunkt das Schloss mit der Kuppel, links davon der Berliner Dom und oben halb links das Rote Rathaus

Allein das äußere Wachstum Berlins ist bemerkenswert: Während der 1920er-Jahre stieg die Zahl der Einwohner um 450 000 auf 4,3 Millionen. Oberbürgermeister Wermuth hatte die Struktur der Metropole als Groß-Berlin dafür in eine handhabbare Form gebracht. Im internationalen Vergleich sind bevölkerungsmäßig damals nur noch London und New York größer. Berlin hatte anderthalb Millionen Einwohner mehr als Paris. Diese Relationen sind in der Gegenwart vollkommen anders. Immerhin entwickelt sich Berlin zu Beginn des 21. Jahrhunderts erneut zur Vier-Millionen-Metropole. Das Berliner Bevölkerungswachstum und seine praktischen Konsequenzen damals sind Entwicklungen ähnlich, denen sich die deutsche Hauptstadt heute wieder gegenübersieht. Der kulturgeschichtliche Blick zurück in das Berlin der Weimarer Zeit zeigt nicht allein an diesem Beispiel ein Spiegelbild der Gegenwart und der Zukunft dieser Stadt. Was wir dabei erkennen, ist keineswegs immer nur positiv, sympathisch, ermutigend – oft ganz im Gegenteil.

Die Masse macht's – das ist nur eine Redensart. Die bloße Millionenzahl macht nicht die Metropole, erst recht keine Kulturmetropole und keine Epochen-Hauptstadt. Aber ohne Zweifel ist ein gewisses Quantum an Individuen von Belang, aus deren Mitte Vielfalt, Anregungen, Forderungen, Reize, Beiträge erwachsen. Mit der großen Zahl von Menschen, die miteinander in einer großen Stadt leben, stehen auch viele verschiedene Interessenten, Kunden, Kritiker, Partner, Akteure zur Verfügung. Die Millionen von Berlinern, also die Bevölkerungszahl der Stadt, sind zunächst jedoch nichts weiter als Bedingung der Möglichkeiten Berlins und insbesondere der kulturellen Potenz der Metropole. Anderes muss hinzukommen.

Die 1920er-Jahre sind die erste Epoche, in der sich Berlin und seine Bewohner demokratischer Freiheiten in einer parlamentarischen Demokratie erfreuen können. Das autoritäre Kaiserreich ist insbesondere im Vergleich mit dem, was an Diktatur der Nationalsozialisten der Weimarer Republik folgte, kein Unterdrückerregime gewesen. Doch wenn man mit Blick auf den Wilhelminismus an dessen Antisemitismus, an das auf Sozialdemokraten und Katholiken bezogene Schlagwort „Reichsfeinde" oder an die Inkarnation des „Obrigkeitsstaats" in Gestalt von Carl Zuckmayers *Hauptmann von Köpenick* von 1931 denkt, dann bietet die Republik trotz ihrer nach wie vor regredierenden Tendenzen, wie in oft skandalöser Weise in der Justiz, doch insgesamt ein Höchstmaß an persönlicher, wirtschaftlicher und künstlerischer Freiheit. An diese Stelle gehört der Hinweis auf die neue Freiheit für Kirchen und Religionsgemeinschaften, vor allem aber auf das Frauenwahlrecht. Es bringt indirekt auch die überfällige staatsseitige Anerkennung des Anteils der Frau am gesellschaftlichen und politischen

Zentrum der kommunalen Politik: das Rote Rathaus auf einer am 22. November 1917 verschickten Postkarte

Geschehen. Das hat freilich noch lange nicht, und es ist bis heute noch nicht geschehen – man denke nur an die Forderung „Gleicher Lohn für gleiche Arbeit" –, die gesellschaftliche Wirklichkeit nachhaltig im Sinne der Gleichstellung verändert.

Zur Kultur einer Stadt gehört ihre Verwaltung. Zu dieser gehört die Schilderung der militärisch straff kommandierten städtischen Fürsorge, wie sie die „Blutsbrüder" in ihrem Alltag erlebten. Dazu gehört auch eine ebenso noch oft obrigkeitsstaatlich funktionierende Polizei, die ihr Präsident Albert Grzesinski erst beginnt, auf den demokratisch orientierten Weg zum „Freund und Helfer" zu führen, die aber gleichwohl durch Fachleute wie Ernst Gennat oder den Vizepräsidenten Bernhard Weiß kriminalistisch-polizeiliche Arbeit leistet, die weltweit vorbildlich ist.

Zumal verbunden mit seiner die Metropole bevormundenden und beengenden hierarchischen Einbettung gehört der städtische Berliner Verwaltungsapparat, dessen ziegelsteinernes, frühgotisch inspiriertes, mittlerweile denkmalgeschütztes Monument das Rote Rathaus ist, in den 1920er-Jahren insgesamt eher zum tauben Gestein im Untergrund des *Vulkans Berlin*. Reich, Preußen mit Provinzen und Regierungsbezirken, darunter Groß-Berlin mit Stadtverordnetenversammlung, Oberbürgermeister und Magistrat, darunter 20 Bezirke mit Bezirksverordnetenversammlungen und Bürgermeistern – diese unübersichtliche und wenig effiziente Vielschichtigkeit von Regierungsbehörden, Zuständigkeiten und Ämtern war kein großer Wurf, selbst wenn manche Gegebenheiten begründet, gewachsen, ererbt waren. Hundert Jahre später lässt sich nur staunen, welches Beharrungsvermögen die grundlegenden Strukturen und ihre Begleiterscheinungen bis heute haben. Schwerfälligkeiten, Überflüssigkeiten, Widersinnigkeiten sind trotz inzwischen durchaus stattgefundener Veränderungen bestehen geblieben. Der Historiker Andreas Splanemann stellt 1992 zur Position beider Oberbürgermeister, die für die Stadtpolitik der 1920er-Jahre maßgeblich waren, fest: „Wermuth war – ebenso wie sein Amtsnachfolger Böß – ein ausgesprochener Verfechter des Zentralismus." In Konsequenz dieser Haltung habe sich Wermuth „für eine möglichst weitgehende Beschränkung der Selbständigkeit der einzurichtenden Bezirke“ eingesetzt, um die im Rahmen der Zweistufigkeit der Verwaltung von zu kompetenzstarken Bezirken ausgehenden Gefahren „für die zentrale Stadtverwaltung“ gering zu halten.

Adolf Wermuth und Gustav Böß, Stadträte wie Martin Wagner und Ernst Reuter waren nicht repräsentativ für den Durchschnitt der Mitglieder des Magistrats. Aber zu den vorbildlichen Seiten der Stadtpolitik gehören diese mehr oder weniger durch das zu oft zu Unrecht gering geschätzte preußische Beamtentum geprägten Männer. Sie bestechen allesamt durch ihre Ausbildung und durch ihre berufliche Qualifikation für ihre Aufgaben im Führungsamt der unübersichtlichen und schwer beherrschbaren Millionenkommune, in der sie teils sogar Visionäres zuwege gebracht haben. Sie haben Leistungen jenseits ihrer bloßen Amtspflichten vollbracht, weil sie in der Sache überzeugt und engagiert waren. So bewirkt man Dinge, die bald ein ganzes Jahrhundert überdauern wie Wermuths Groß-Berlin oder Reuters BVG. Es ist beachtlich, dass es in der Berliner Stadtpolitik dieser Zeit trotz allen Parteienhaders genug innere Freiheit und Souveränität gegeben hat, solche Persönlichkeiten zur rechten Zeit an die richtige Stelle zu setzen.

> **Man bewirkt Dinge, die bald ein ganzes Jahrhundert überdauern.**

Außer der Bildung von Groß-Berlin zu ihrem Beginn ist in den 1920er-Jahren und auch später, jedenfalls unter demokratischen Bedingungen, keine große, den sich so fundamental und rasant ändernden Verhältnissen der Metropole angemessene Verwaltungsreform mehr gelungen. Die Bezirksreform von 2001, erst ein gutes Jahrzehnt nach der Wende, hat mit der Verminderung der Zahl der Bezirke und deren damit meist verbundenen Vergrößerung das grundlegende Problem nicht beseitigt. In die andere Richtung angelegt war das mit den Volksentscheiden vom 5. Mai 1996 gescheiterte Vorhaben, Berlin mit dem umgebenden Brandenburg zu einem gemeinsamen Land zusammenzuschließen. Berlin hätte dann wohl wieder einen Oberbürgermeister bekommen, der unter einer Landesregierung amtiert hätte. Abgesehen vom Scheitern der Fusion ergibt sich, wenn man die vergangenen 100 Jahre mit in den Blick nimmt, die Frage, ob damit strukturell nicht wieder in neuer Gestalt die komplexe Vielschichtigkeit von Regierungsapparaten und Verwaltungsebenen wiedergekehrt wäre.

Hat sich um Berlin verdient gemacht: Oberbürgermeister Gustav Böß nach einer Zeichnung von Emil Orlik (1870–1932)

Wermuth konnte die heutzutage umso mehr als revolutionär einzuschätzende Bildung Groß-Berlins wohl wirklich nur mit dem Rückenwind des Systemumbruchs in der nach Erstem Weltkrieg und Novemberrevolution „flüssig“ gewordenen historischen Gesamtsituation gelingen. Ob Mauerfall und Friedliche Revolution von 1989 und die Vereinigung beider deutscher Staaten auch noch die für einen fundamentalen Organisationsumbau im werdenden neuen Gesamt-Berlin erforderliche Schubkraft geliefert hätten, bleibt eine unbeantwortete Frage. Die sich stellenden tagespolitischen und technischen Einigungsprobleme müssen nicht das Hindernis gewesen sein. Auch wenn dieser historische Vergleich,

wie alle derartigen Überlegungen, hinken mag, zeigt er dennoch: Wermuth und seine Kollegen hatten mit Hungersnot und Wirtschaftskrise, inneren Unruhen und massiver Arbeitslosigkeit zu kämpfen, und Wermuth hatte trotzdem Erfolg. Denn Wermuth war schnell. Er war mit dem Gesetz von 1920 kurze zwei Jahre nach dem Umbruchsjahr 1918 am Ziel. Und er kannte das Ziel genau, denn es war jahrelang schon diskutiert worden.

Wermuth stammte ebenso wie die andere bestimmende Oberbürgermeister-Persönlichkeit der „Hauptstadt der 1920er-Jahre", Gustav Böß, ursprünglich nicht aus Berlin. Zur Entfaltung des kulturellen Potenzials Berlins gehört auch die Anziehungskraft der Metropole auf Menschen von außerhalb, die mit ihren Fähigkeiten, ihrer Fantasie und ihren Fertigkeiten ihre neue Stadt bereichern, die für sich neue Chancen und den Austausch mit denen suchen, die sie vorfinden. Viele sind uns begegnet, die keine gebürtigen Berliner waren, die aber zu Berlinern geworden sind und die erst Berlin zu dem gemacht haben, was es in den 1920er-Jahren geworden ist. Wermuth kam aus Hannover, Döblin aus Stettin, Brecht aus Augsburg, Karl Wolffsohn aus Wollstein in der Provinz Posen, Hugo Stinnes und seine Tochter Clärenore aus Mülheim an der Ruhr. Nicht umsonst hat Kurt Tucholsky 1921 dieses Bonmot geprägt: „Der richtige Berliner stammt entweder aus Posen oder Breslau." Der Dramatiker und aus Rheinhessen stammende Wahl-Berliner Carl Zuckmayer macht im Strom der in den Moloch Zugewanderten allerdings ein fast vulkanisch anmutendes, verschlingendes Moment aus, wenn er in seinen Erinnerungen rückblickend schreibt: „Diese Stadt fraß Talente und menschliche Energien mit beispiellosem Heißhunger, um sie ebenso rasch wieder auszuspucken. Was immer in Deutschland nach oben strebte, saugte sie mit Tornado-Kräften in sich hinein, die Echten wie die Falschen, die Nullen wie die Treffer, und zeigte ihnen erst mal die kalte Schulter." Im *Vulkan Berlin* ging es mit den Karrieren und auf den Lebenswegen nicht nur aufwärts, es ging genauso rasch auch wieder abwärts. Doch auch der Erfolg war flüchtig: „Der tosende Jubel von heute war keine Gewähr gegen das klanglose Begräbnis von morgen." Aber es galt Zuckmayers simple Sentenz: „Wer Berlin hatte, dem gehörte die Welt."

Die Berliner waren fleißige Leute. So sah es damals der New Yorker Oberbürgermeister Jimmy Walker, der bei seinem Besuch 1929 sagte: „Berlin ist in vieler Hinsicht die bewundernswürdigste Stadt der Welt. Ihr Grundton ist: Leistungsfähigkeit." Die Zahlen dazu: Über 60 Prozent der Bevölkerung waren erwerbstätig, rund 40 Prozent der Frauen übten einen Beruf aus. Rund 3200 Bankniederlassungen mit 50 000 Angestellten bewältigten ein Viertel der deutschen Geld- und Börsengeschäfte. Ein Viertel der deutschen Aktiengesellschaften und ein Viertel des Aktieneigentums waren in Berlin konzentriert. Berlin war eine der wichtigsten Industrieregionen des Deutschen Reichs. Uns sind als Beispiele die Elektro- und Automobilindustrie begegnet. Die Bevölkerung war, mit einem Wort, produktiv, und das trotz der widrigen Zeitumstände.

Krieg und die Niederlage blieben im Berlin der Jahre nach 1918 prägend. Tatsächlich sind diese 1920er-Jahre im Berlin der Weima-

Armut als Kriegsfolge: Essensausgabe an Bedürftige in einer Berliner Volksküche, um 1920

rer Republik noch Nachkriegsjahre gewesen. Ob Döblin, Brecht, Grosz oder die Berliner Familien, vor allem die Frauen, die ihre Männer, Brüder, Väter verloren hatten oder die gehungert haben oder deren hungernde Kinder umgekommen sind – alle haben Erfahrung mit dem Krieg und seinen Auswirkungen, und das hat die Menschen zu dem werden lassen, was sie waren.

Durch die Gewalterfahrung des Krieges ist bei vielen in der damaligen Gesellschaft die Hemmschwelle massiv gesunken, Gewalt in politischen Auseinandersetzungen einzusetzen. Für die „Gewaltkultur" Berlins stehen Januaraufstand, militärische Bekämpfung von linken Extremisten oder Kapp-Putsch ebenso wie die bürgerkriegsähnlichen Kämpfe der späten Weimarer Jahre zwischen SA, Stahlhelm, Rotem Frontkämpferbund, Reichsbanner – und der Polizei. Vor allem stehen dafür die Morde an führenden Politikern wie Liebknecht und Luxemburg oder Erzberger und Rathenau. Die Gewalt, wie sie sich besonders augenfällig in diesen Mordanschlägen zeigt, die auch in Berlin geschehen sind, gehörte zum politischen Alltag der deutschen Hauptstadt ebenso wie die Kriminalität.

> Das „goldene" Jahrzehnt war in Berlin allenfalls ein gutes Jahrfünft lang.

Konsequenz von Krieg und Niederlage sowie der Reparationsforderungen war die Notwendigkeit, Industrie, Betriebe und Arbeitswelt wieder auf Friedenswirtschaft umzustellen. Das vollzog sich auch in Berlin vor dem Hintergrund von Inflation, Arbeitslosigkeit und fragilen innenpolitischen Verhältnissen. Diese Bedingungen bedrückten die Mehrzahl der Menschen, aber auch die kulturellen Entfaltungsmöglichkeiten der Metropole. Peter de Mendelssohn, der Journalist und Autor des zitierten Buchs über die Zeitungsstadt Berlin, schreibt deshalb zutreffend über die

1920er-Jahre: „Es war das Jahrzehnt Berlins. Dabei war es nicht einmal ein volles Jahrzehnt. Die Zeit, während derer der geistige und künstlerische Aufschwung der Stadt mit wirtschaftlicher Prosperität und politischer Festigung Hand in Hand ging, war kurz: sie umfaßte nur ganz wenige Jahre."

Der Schwung der durch die Revolution entfesselten geistigen Dynamik, so der Gedankengang de Mendelssohns, der den Namen der Stadt rund um den Erdball bekannt machte, habe zwar unmittelbar mit dem Ende des Krieges eingesetzt. Aber dieser Schwung blieb gut fünf Jahre lang durch politische Instabilität und wirtschaftlichen Niedergang gehemmt. Erst mit dem durch Reichskanzler Gustav Stresemanns Rentenmark herbeigeführten Ende der Hyperinflation im Herbst 1923 begann eine Phase wirtschaftlicher Gesundung, in der sich die Stadt und ihr Kulturleben wirklich entfalten konnten. Ein eindrucksvolles Gesellschaftsbild des Inflationsjahrs 1923, in dem Berlin wichtiger Schauplatz ist, hat Hans Fallada in seinem 1937 erschienenen monumentalen Roman *Wolf unter Wölfen* entworfen.

Nach dem Schwarzen Freitag im Herbst 1929 begann die Blüte der deutschen Metropole schon wieder zu verkümmern. Es folgen drei Jahre von Instabilität und wirtschaftlicher Krise mit zunehmender Not für immer mehr Berliner. Dann brennt der Reichstag, die Nationalsozialisten waren an die Macht gekommen, das Zeitalter und damit die sogenannten „Goldenen" 1920er-Jahre gehen in den Flammen des Reichstags unter.

Was im Rückblick als die große Zeit der 1920er-Jahre erscheint, das waren knapp gerechnet gerade einmal sechs Jahre. Das so „goldene" Jahrzehnt war in Berlin allenfalls ein gutes Jahrfünft lang. In diesen Jahren habe Berlin, so Peter de Mendelssohn, sein Bestes gegeben, und das war viel: „Natürlich war ein guter Teil davon ‚Größenwahn' und ‚Schall und Rauch', Betrieb, Geschwätz, ‚Tempo' um seiner selbst willen. Aber was an solider Leistung und Anregung blieb, hat die übrige Welt auf Jahre und Jahrzehnte befruchtet. Berlin war die Essenz der neuen Zeit; es lieh ihr den unverfälschtesten Ausdruck."

„Jeder einmal in Berlin“: Der 1926 eröffnete Funkturm auf einem Plakat für die *Große Deutsche Funkausstellung* 1929.

Berlin war, unterstreicht Peter Hoeres in seinem Band *Die Kultur von Weimar. Durchbruch der Moderne* von 2008, die deutsche Kultur-Kapitale. War denn nicht im Grunde alles später angeblich Neue schon einmal dagewesen – damals in diesen 1920er-Jahren, damals in Berlin? Liegt nicht die These nahe, dass vieles vom in den nächsten Jahrzehnten Folgenden nur Interpretation, Fortführung, Variation – allenfalls verbessert durch neuartige Techniken – des aus den 20ern schon Bekannten ist? Multimedia zum Beispiel hat es im Rahmen der technischen Gegebenheit der 1920er-Jahre längst gegeben: Grosz gestaltet Trickfilm, Zeichnungen und Bühnenfiguren fürs Theater. Neue Medien bieten neue Möglichkeiten. Döblin ist Radiofan; zu seinem literarischen Œuvre gehören bereits Hörspiel und Drehbuch. Sein großer Roman wird mit Selbstverständlichkeit verfilmt. Das Berlin der 1920er-Jahre ist als Filmstadt mit der UFA an der Spitze schon Zentrum einer Medienindustrie und mit dem antidemokratisch ausgerichteten Hugenberg-Imperium Standort eines multimedialen Medienkonzerns, der über Verlage, Nachrichtendienste, Werbeagenturen, Korrespondenzdienste, Filmgesellschaften und

Zeitungsbeteiligungen gebietet. Ganz bestimmt darf man sagen, dass Berlin mindestens für Deutschland die „Hauptstadt der 1920er-Jahre“ gewesen ist.

Diese fabelhaften 1920er-Jahre hat es nicht nur in Berlin gegeben. Die „Roaring Twenties“ sind erst recht keine Berliner Erfindung. Die ganze Welt erlebte nach dem Ende des Weltkriegs einen Aufschwung geistiger, künstlerischer und gesellschaftlicher Kräfte, unterstreicht de Mendelssohn. Auch London und New York erlebten diesen Überschwang. Paris wurde ebenso davon mitgerissen. Auch aus Moskau kam mindestens zunächst ebenfalls Neuartiges und Anregendes, insbesondere im kulturellen Bereich, wenn man zum Beispiel an den Avantgardisten Wladimir J. Tatlin mit seinem Monument für die Dritte Internationale von 1919/20 oder an den russischen Futuristen Wladimir W. Majakowski denkt.

Leben und Kultur in Berlin waren schon in den 1920er-Jahren zwischen New York und Moskau, zwischen der Faszination des Amerikanismus und den Verheißungen des Kommunismus hin- und hergerissen. Die Begeisterung sowohl für die USA als auch für Sowjetrussland konnte sich nicht nur in einander folgenden Lebensabschnitten ein und derselben Person abwechseln, sondern sie konnte in einer Persönlichkeit gleichzeitig vorliegen. Dafür stehen Bertolt Brecht und George Grosz. Das Berlin der Epoche sah sich selbst allerdings wohl vor allem als „amerikanische“ Stadt. In ihrer Modernität orientierte sich die Stadt an den USA – technologisch, wirtschaftlich, architektonisch. Im 21. Jahrhundert knüpft sie mit neuen Hochhäusern wieder daran an.

Andererseits gab es die Kontakte und Beziehungen nach Moskau keineswegs nur bei Kommunisten, sondern, wie es sich im Fall der Geschäftsfrau Clärenore Stinnes exemplarisch zeigt, auch in Kreisen durchaus national denkender bürgerlicher Vertreter von Wirtschaft, Politik und Militär; das Stichwort dafür lautet „Rapallo“. Damit ist der am Rande der Reparationskonferenz in Genua geschlossene Vertrag zwischen Deutschland und Russland von 1922 gemeint, der durch die offizielle Zusammenarbeit beider Staaten gegen die internationale Isolation Berlins und Moskaus wirken sollte und der unter Beteiligung des Reichsaußenministers Rathenau sowie u. a. des Bekannten von Clärenore Stinnes, des zeitweiligen Volkskommissars und Außenhandelsexperten Leonid B. Krassin, auf russischer Seite geschlossen wurde.

Die tiefen Ambivalenzen sind auf dem Gang durch die Kulturmetropole Berlin in den 1920er-Jahren immer wieder erkennbar. Die meisten Menschen in Berlin dürften die Schattenseiten der Stadt jenseits der Illuminationen und Leuchtreklamen als bestimmend empfunden haben.

Die gedankliche Reise durch deutsche Provinzstädte, die als möglicher Tagungsort der Nationalversammlung in Konkurrenz zu Berlin standen, zeigte, dass Berlins Rolle als Hauptstadt 1918/19 durchaus infrage gestanden hat und dass die Diskussion darüber zugleich eine Diskussion über das Selbstverständnis des künftigen Deutschlands anhand der konkurrierenden Bilder Berlins gewesen ist, die es unter den Deutschen gab. Diese Debatte hatte auch eine stark kulturelle Dimension, die Friedrich Ebert als Reichspräsident bei der Eröffnung der Versammlung im Weimarer Nationaltheater formuliert hat. Mag sein, dass Berlin nicht erst seitdem ein unsicheres Rollenverständnis als immer wieder infrage gestellte Hauptstadt eigen ist. Die skizzierte Debatte von 1918/19 fand ihre mittelbare Wiederholung in der für Berlin entschiedenen Diskussion des geeinten Deutschlands um den Sitz seiner Bundesregierung nach 1990. Inwieweit kratzt das Infragestellen der Hauptstadtrolle aber an Selbstwert, Eigenbild, Selbstbewusstsein? Ist da in Hinsicht auf Berlin nicht etwas historisch ganz anders gewachsen als in Hinsicht auf London, Paris, Rom?

Der konzeptionelle Verfassungsvater von Weimar, Hugo Preuß, war ein Berliner Jude und Gelehrter, der seiner Herkunft wegen in Preußen nicht die Karriere machen durfte, wie er sie sich wohl gewünscht hätte. Menschen jüdischer Herkunft wie Döblin oder Wolffsohn, wie unzählige Literaten und Künstler, Wissenschaftler, Musiker und Komponisten, Politiker und Journalisten, Unternehmer und Mediziner haben das Berlin der Zeit in allen Sparten und auf allen Gebieten wesentlich geprägt, bereichert

und zu seinem Rang als Kulturmetropole unverzichtbare Beiträge geleistet. Wenn man auch nur versucht, ihren großen Anteil am kulturellen Schaffen und am kulturellen Rang der Stadt in seiner Bedeutung zu verstehen und zu erfassen, dann macht dieser Verlust die Dimension des Verbrechens der Schoah noch einmal auf besondere Weise klar. Unwillkürlich drängt sich die für den Historiker eigentlich unzulässige – weil kontrafaktische – Frage auf, was sich aus diesem Berlin noch hätte entwickeln können, hätte es das Jahr 1933 und damit den Holocaust nicht gegeben.

Die Fronten in Gesellschaft und Politik drücken sich nach 1918 unter parlamentarisch-demokratischen Bedingungen endgültig auch in der Kunst aus. Alfred Döblin, der aus Überzeugung in Berlins Osten lebte, hat den dort lebenden Menschen und ihren Sorgen und Nöten sowie der Metropole Berlin insgesamt mit seinem Roman *Berlin Alexanderplatz* ein weltliterarisch kaum zu überschätzendes avantgardistisches Denkmal gesetzt. Auch der Neu-Berliner Bertolt Brecht spiegelt in seinem Stück *Trommeln in der Nacht* das Leben einfacher Leute vor dem Hintergrund der Kämpfe im Berliner Zeitungsviertel; er schafft später neue Formen, sein Episches Theater hat weltliterarischen Rang. Vollends bei George Grosz zeigt sich, wie Kunst als politisches Kampfinstrument wirksam wird. Gemeinsam sind ihnen die bestechende Kreativität und der bewusste

Der russische Volkskommissar und Außenhandelsexperte Leonid Borissowitsch Krassin (1870–1926) im Jahr 1924

Bruch mit den überkommenen Konventionen, die mit teils gewagten neuen Instrumenten überwunden werden. Diese Modernität, die diesen Bruch mit dem Alten beabsichtigt, ist wichtiges Kennzeichen der Kulturmetropole Berlin der 1920er-Jahre. Festzuhalten bleibt allerdings in politischer Hinsicht, dass viele der linken Künstler im Berlin der 1920er-Jahre eben keine Stützen der parlamentarisch-demokratischen Gesellschaft gewesen sind; das gilt für die Kommunistische Partei und ihre Anhänger ohnehin.

Berlin bleibt auch in den 1920er-Jahren in seinem Stadtbild im Wesentlichen die Metropole des Kaiserreichs. Aber neue Architektur bricht sich Bahn, und neue Konzepte des Städtebaus und des Stadtverkehrs, sei es des Nahverkehrs, sei es des zunehmenden Autoverkehrs, werden entworfen und teils bereits erprobt. Im Zentrum der Städtebaupolitik vor allem des Stadtrats Martin Wagner steht der Wohnungsbau. Berlin hat während der 1920er-Jahre als wachsende Stadt ständig mit Wohnungsnot zu kämpfen. Sie ist die größte Not der breiten Schichten. Wohnen soll durch „Licht, Luft und Sonne“ gesund sein. Die ungesunde Idee der Mietskaserne weicht modernen Konzepten des Wohnungsbaus, während im 21. Jahrhundert der Berliner Städtebau wieder die Parole „Verdichtung“ ausgegeben hat und so auch neue Wohnungen plant.

> Die Massen werden zu gesellschaftlichen Akteuren.

Aber auch neue Formen von Architektur und architektonischen Techniken, sei es Bauen mit Stahlbeton, seien es neue Formensprachen wie in anderen Kunstrichtungen, sei es der Plattenbau, den die DDR-Wohnungsbaupolitik später propagiert, werden ausprobiert und verwirklicht. Das gilt auch für den modernen Wohnungsbau und den Bau öffentlicher Gebäude wie Schulen. Auch hier ist Berlin Labor der Moderne der 1920er-Jahre; wie auf allen kulturellen Gebieten ist es zugleich eine Zeit mit dem Mut und der Freiheit zum Experiment.

Die Massen werden vollends zu gesellschaftlichen Akteuren, wie sich das stilisiert in der Darstellung von Fritz Langs Film *Metropolis* oder in dokumentarischer Inszenierung in Walther Ruttmanns *Berlin – Die Sinfonie der Großstadt* zeigt; beide Streifen stammen aus dem Jahr 1927, und Ruttmann war auch einer der Kameramänner von *Metropolis*. Diese filmhistorisch einzigartigen Filme bestimmen wie auch *Berlin – Alexanderplatz* von 1931 mit Heinrich George in der Hauptrolle das Bild Berlins dieser Zeit. George hatte die Verfilmung betrieben, Döblin war fasziniert von den Ausdrucksmöglichkeiten des neuartigen Tonfilms. Andererseits ist ein Unternehmer wie Karl Wolffsohn Vorreiter einer zukunftsweisenden und an Maßstäben des Konsums orientierten Massen- und Unterhaltungskultur. Wolffsohn spielt von Berlin aus in der gesamten deutschen Kino- und Revuetheaterlandschaft eine maßgebliche Rolle. Er macht das Kino als „Filmtheater" zum Ort des bezahlbaren Massenvergnügens, kultiviert das vor der Vorstellung verkaufte Filmprogramm zum Geschäftsmodell und entwickelt Berlin mit Revuetheatern wie Scala und Plaza zum Ort sozusagen vergnügungsindustrieller Massenproduktion.

Neben dem Spiegel hängt der Expander: Der Maler George Grosz setzt sich 1921 in seinem Atelier in Berlin in Szene.

Die Presselandschaft wurde im Berlin der 1920er-Jahre von einer heutzutage unvorstellbar großen Zahl von Zeitungen und Zeitschriften von einer fantastischen Vielfalt beherrscht. Die Tageszeitung war das Leitmedium der Epoche. Wer politische Wirksamkeit wollte, der brauchte dieses Instrument. Berlin ist zugleich Ort journalistischer und verlegerischer Innovation. Die Massenpresse erlebt ihre Geburt und ihre Erfolge in Deutschland im Berlin der 1920er-Jahre nicht zuletzt mit dem Ullstein-Blatt *B.Z. am Mittag*. „Die Presse war grausam, unbarmherzig, aggressiv, voll blutiger Ironie und doch nicht entmutigend", bilanzierte Carl Zuckmayer in seinen Memoiren, und seine persönlichen Erfahrungen mit der Berliner Kritik klingen hier unüberhörbar durch: „Denn hinter all ihrer Bosheit steckte immer noch ein Maßstab, ein Wille zur Qualität, eine Bereitschaft zur Entdeckung und Anspornung neuen, eigenwüchsigen Schaffens." Das Radio beginnt seinen Siegeszug zum neuen Massenmedium, das die Nationalsozialisten als Propagandamedium professionell einsetzen, und das Zukunftsmedium Fernsehen geht die allerersten Schritte.

Fritz Langs Film *M – Eine Stadt sucht einen Mörder* von 1931 spielt im Milieu der Ringvereine. 20 Ringbrüder wirkten darin als Statisten mit.

Gegenstand der Kunst, sei es in der Literatur, auf der Bühne, im Film oder auch in der Bildenden Kunst wie bei Döblin, Brecht und Grosz, sind Armut, Elend, Verbrechen und Prostitution. Soziales

Elend und Kriminalität sind in Berlin nicht nur in dieser Epoche oft eng benachbart. Die Geschichte der Jugendbande des Romans *Blutsbrüder* vermittelt authentische und bedrückende Schilderungen aus der Halbwelt der organisierten Kriminalität und ihrer Bekämpfung. Das Bild des mit Unterwelt und Organisiertem Verbrechen eng verbundenen Nachtlebens, das das Bild Berlins der 1920er-Jahre weitgehend bestimmt, erweist sich hier endgültig als Idealisierung, die viele Schattenseiten, vor allem Verbrechen, Menschenverachtung, Not und Armut, ausblendet.

Der wohl reichste Mann Europas, Hugo Stinnes, gehörte zur Berliner Gesellschaft. Am Beispiel der von ihm übernommenen Automarke AGA haben wir den Stellenwert Berlins als Industriestadt und als Ort diesbezüglicher Innovation beleuchtet. Ford und AGA als amerikanische beziehungsweise schwedische Firmen weisen auf die Attraktivität der Stadt für ausländische Investoren hin; beide Unternehmen waren nach 1945 im Westen der Stadt erneut präsent. Berlin in den 1920er-Jahren ist auch der Ort gewesen, an dem sich maßgeblich für Deutschland sehr wesentlich die Durchsetzung des Automobils als Massenverkehrsmittel nach dem Zweiten Weltkrieg vorbereitet hat. Das spiegelt sich in einem Film wie *Metropolis* oder in der bildenden Kunst, in der die „Motorwagen" neuerdings Darstellung finden, oder in der Begeisterung Brechts fürs Automobil. Die Idee vom Auto als Massenverkehrsmittel wird bereits propagiert, aber noch sind die technischen Mittel nicht vorhanden und finanzierbar, und noch genügt die Kaufkraft für das Auto als Volks-Wagen nicht aus.

Nicht zuletzt ist es der Städtebau, der sich auf die später sogenannte und verpönte „autogerechte" Stadt einzustellen beginnt. Und genau dies vollzieht sich exemplarisch im Berlin der 1920er-Jahre, das allerdings gleichzeitig einen vorbildlichen Massenverkehr mit öffentlichen Verkehrsmitteln aufzubauen begonnen hat, der in Ruttmanns Berlin-Film eine Hauptrolle zugewiesen bekommt.

Den Typus der neuen Frau, die sich gegen alle Widerstände von vorherrschenden Konventionen befreit, verkörpert keine Berlinerin der 1920-Jahre in reiner Form. Das zeigen die skizzierten Lebenswege von Marta Feuchtwanger, Lola Kreutzberg und Clärenore Stinnes nur exemplarisch. Sie leben jeweils einzelne Elemente, die in ihrer Summe den abstrakten neuen Typus der Frau konstituieren. Diese Frauen nutzen die Chancen und die Freiheiten, die ihnen die deutsche Hauptstadt bietet. Das findet statt in einer offenen Ehe und als kritische Teilhaberin am Schaffen ihres Mannes, als Filmerin auf Expedition, als Motorsportlerin, die den Globus im Automobil umrundet, bei allen verbunden mit Tatkraft und praktischem Verstand bis zu unternehmerischem Geist sowie mit einem neuen Körperbewusstsein, auch mit einem neuen Verständnis der Sexualität und einer bisher nicht gekannten Sportlichkeit. Sie distanzieren sich vom Ehemann, von der Herkunft, vom allmächtig scheinenden Vater oder von der Familie als Persönlichkeiten, die unabhängig mindestens teilweise ein freies, ungebundenes, selbstbestimmtes Leben führen und dabei ganz unterschiedliche ungewöhnliche Leistungen erbringen.

Berliner Luft, so könnte man für die Epoche formulieren, macht frei, ganz besonders Frauen. Und der Mythos der „schönen" Berlinerin wird in den 1920er-Jahren geboren und ist verbunden mit einem neuen Bild der auch berufstätigen Frau. Diese schöne neue Frauenwelt ist allerdings eher eine Welt der Privilegierten, denn das Heer der schwer für Familie und Überleben rackernden Berliner Arbeiterfrauen hat ganz andere Sorgen. Hier ging es vor allem um den Kampf um die Abschaffung des Abtreibungsparagrafen 218 des Strafgesetzbuches, der in den 1920er-Jahren nur zu eher geringfügigen Änderungen führte. Trotzdem: Berlin bietet in dieser Zeit bereits den Freiraum, neue Rollen- und Beziehungsmuster jenseits der tradierten Anforderungen zu entwickeln, zu entfalten, zu erproben.

Selbst wenn man der These nicht folgen will, dass Berlin „Hauptstadt der 1920er-Jahre" in globaler Hinsicht gewesen sei, sollte auf jeden Fall zuzugestehen sein, dass Berlin zumindest eine dieser Hauptstädte gewesen ist. Das Berlin der Weimarer Zeit dürfte darüber hinaus nach 1945 wenigstens implizit die Bezugsgröße

Frauen in Berlin nehmen selbstbewusst ihre Rechte wahr – hier auf einer Antikriegskundgebung 1921 im Lustgarten.

gewesen und bis in die Gegenwart geblieben sein, wenn es darum geht, Berlins Identität, Potenziale, Möglichkeiten einzuschätzen. In der politischen Geschichte gilt als unstrittig, dass die Weimarer Demokraten, die die nationalsozialistische Diktatur im In- oder Ausland überlebt hatten, wesentliche Träger des Aufbruchs der Demokratie im westlich orientierten Teilstaat und in der westlichen Teilstadt gewesen sind. Der radikalisierte deutsche Weltkriegssoldat Ernst Reuter war aus der russischen Kriegsgefangenschaft heraus 1918 Volkskommissar der Bolschewiki im wolgadeutschen Gebiet um Saratow geworden, war bis 1922 in der KPD, fungierte als deren Generalsekretär und erscheint sogar an einer Stelle mit seinem Kampfnamen „Friesland“ in der 44 Bände umfassenden Lenin-Ausgabe des Zentralkomitees der SED. Trotzdem verkörpert niemand als Berliner Stadtpolitiker die Kontinuitätslinie über den Bruch des Exils hinweg besser als der wieder sozialdemokratisch gewordene Stadtrat Groß-Berlins der 1920er-Jahre. Nach 1945 wird der ausgewiesene Kommunalwissenschaftler Reuter zunächst zum Oberbürgermeister gewählt, von der sowjetischen Seite jedoch nicht bestätigt. Er ist dann der erste Regierende Bürgermeister von Berlin, dessen Amtsbefugnisse sich praktisch auf den zum Bundesland gewordenen Westteil der Stadt beschränkten. Auch die auf KPD, Kommunistische Internationale und Sowjetunion verengte Orientierung der DDR und ihrer Hauptstadt Berlin nahm zu einem wichtigen Teil Bezug auf die Weimarer Zeit. Für West-Berlin konnte es auch deshalb nur diese Orientierungsgröße sein, weil nur die demokratische Metropole Berlin in der Zwischenkriegszeit mit ihren freiheitlichen Verhältnissen Bezugspunkt für Selbstverständnis und Zukunftsprojektion der eigenen künftigen Entwicklung sein konnte. Dafür steht das West-Berliner Kulturprojekt *Tendenzen der Zwanziger Jahre* von 1977.

Ist das vermeintlich „Goldene" der Berliner 1920er-Jahre vielleicht auch in kulturgeschichtlicher Hinsicht nach 1945 in manchen Zügen eine Überhöhung im wehmutsvollen Erinnern einer großen vergangenen Zeit, weil sich angesichts des kulturellen Niedergangs und der Zerstörung während der Jahre des Nationalsozialismus nichts anderes bot, woran sich anknüpfen ließ, erst recht für diejenigen, die diese Jahre als Künstler und Intellektuelle in der inneren Emigration oder im Exil überlebt hatten?

„Den weitaus meisten deutschen Emigranten ging es ähnlich, sie kamen nicht los von ihrem Früher, die Vergangenheit verklärte sich ihnen", schrieb der bis 1933 selbst in Berlin wohnhafte Lion Feuchtwanger im 1940 veröffentlichten dritten Teil seiner Wartesaaltrilogie. In der hier zitierten Passage von *Exil* hat der weltbekannte Romancier das Lebensgefühl der Berlin-Nostalgie unter den Emigranten in der Beschreibung einer Mitte der 1930er-Jahre in der französischen Metropole stattfindenden Abendeinladung auf unnachahmliche Weise konserviert. Einem Gast fällt auf, „wie gespenstisch" die Räumlichkeit des Gastgebers „an seine Berliner Wohnung erinnerte". Der Hausherr hatte den Hausrat und die Möbel nach Paris retten können. Auffällig ist für eine Teilnehmerin, „daß sie in der gleichen Anordnung standen wie in Berlin." Es ist das Geschirr „wie in Berlin", es sind „die gleichen Leute da wie in Berlin", „und man sprach das gleiche." Und es gibt „ein richtiges Berliner Abendessen". Die Quintessenz dieses bitter-wehmutsvollen Lebensgefühls fasst Feuchtwanger in diesem Satz zusammen: „Berlin, die gute Zeit der Republik, das war es offenbar auch, was die meisten hier suchten, sie tauchten mit Freuden unter im Gefühl des Damals." In diesen Stunden verschwand die Härte des Schicksals der Emigration aus dem Bewusstsein, die Gegenwart spielte für Momente keine Rolle mehr, es war die Flucht in ein vergangenes, verklärtes, verschöntes Berlin. Wie ein antiker Seher hatte Feuchtwanger bereits im Dezember 1930 in einem privaten Brief die Ahnung formuliert, er sehe Berlin voll künftiger Emigranten.

Ernst Reuter (1889–1953), hier 1930, steht für Berlins demokratische Kontinuität: Der Berliner Stadtrat der 1920er-Jahre wird in den 1940er-Jahren erster Regierender Bürgermeister.

Wenn man in einem Gedankenexperiment über das nationalsozialistisch geprägte Berlin, seine physische Zerstörung durch den Zweiten Weltkrieg, Wiederaufbau, Teilung und Mauerfall hinweg in die kulturelle Zukunft des digitalen Zeitalters blickt, dann steht vielleicht sogar die Möglichkeit der Aufhebung der örtlichen Bindung durch globale und blitzschnelle Kommunikation von jedem Ort der Erde mit jedem anderen Ort bevor. Vielleicht schwindet jegliche örtliche Verwurzelung und Prägung auch der Kulturschaffenden vollkommen, die sich selber unentwegt von Stadt zu Stadt bewegen. Vielleicht ist es dann wirklich nicht mehr von Bedeutung, wo man arbeitet. Wird eines Tages der

Punkt erreicht sein, an dem so viele Menschen auf dem Globus in Millionenmetropolen leben, dass die Erde als eine einzige große Stadtgesellschaft erscheint? Sind wir auf dem Weg zur Welt-Stadt? Zur Welt als der einen Stadt?

Indiz solcher künftiger Entwicklungen könnte der schon in der Gegenwart beachtliche Zuzug junger kreativer Menschen nach Berlin aus allen Himmelsrichtungen sein. Wird das so bleiben? Werden sie bleiben? Wohin könnte ihre Reise von Berlin aus gehen? Bringt die kulturelle Zukunft des digitalen Zeitalters der Menschheitsgeschichte das Ende einer Berliner wie jeglicher anderer regionaler Kulturgeschichte früher oder später mit sich, weil alle regionalen, lokalen, irgendwie geografisch gebundenen Besonderheiten in einer künftigen globalen Kulturgeschichte aufgehen? Wäre das ein Verlust oder ein Gewinn? Oder sind das doch nur unbegründete utopische Gedankenspiele?

Hochhausschluchten, durchzogen von Verkehrsadern, darüber der neue Turm Babel: Fritz Langs utopischer Monumentalfilm zeichnet ein bedrohliches Zukunftsbild.

Die Perspektive des Rückblicks bringt immer ein anderes Bild ans Licht, als es die Wahrnehmung der Mitlebenden tut, die in ihrem Alltag das Überleben sichern und ein Leben gestalten müssen in einer Stadt und in einer Epoche, in die sie gestellt sind und die sie sich nicht aussuchen können. So ist es richtig, das Berlin der 1920er-Jahre kulturgeschichtlich in einem Spannungsfeld zwischen Millionenmetropole und Moloch zu sehen.

Auch und gerade in der Welt der Kultur der 1920er-Jahre wird in Berlin und anhand Berlins das Thema der Stadt als Massenmetropole in seinen vielen Facetten, Konsequenzen, Bedeutungen beschrieben, diskutiert, analysiert. Vielleicht ist Fritz Langs gigantischer und tief bedrückender Film *Metropolis* der monumentalste und zugleich auf seine Weise modernste Versuch dieser Art, der vielleicht auch deswegen immer noch fasziniert. Trotz seiner Ansiedlung in irgendeiner fernen Zukunft greift dieses Opus zurück aufs Archaische, zeigt das Albtraumhafte und bedient sich in seiner Sprache doch auch wieder christlich geprägter Bilder. Da agieren laut dem Drehbuch von Langs Frau Thea von Harbou Maria, ein Mittler, da ist ein neues Babel mitsamt neuem Turm. Die futuristische, in ihren Technologien fortschrittliche, hochaufragende Oberstadt der Oberschicht gründet auf dem Dunkel der Unterwelt der ausgebeuteten Unterschicht, und das alles ergibt eine Welt, in der die Diktatur der Maschinen zu herrschen scheint. Was ist, was wird aus der Stadt? Das ersehnte „Himmlische Jerusalem“ mit Chancen, Hoffnung, Zukunft, oder bleibt zuletzt doch nur die ewige „Hure Babylon“ mit Unterdrückung, Leid, Angst?

Metropolis greift zurück auf das Archaische, zeigt Albtraumhaftes.

Die Spannung dieser beiden extrem gesetzten Zukunftsmöglichkeiten bleibt zukunftsträchtig als Erbe auch für das Berlin der 2020er-Jahre. Seine Zukunft ist offen. Jenseits dessen, was seine Bewohner gestalten und bestimmen können, gibt es vieles, was sich ihrem, jedem menschlichen Zugriff entzieht. Vulkane sind dafür ein anschauliches Beispiel. Berlin ist in diesen hundert Jahren zerstört gewesen wie Pompeij und Herkulaneum – verschuldet, verursacht, veranlasst durch Menschen und ihr Handeln. In anderen Abschnitten dieses Jahrhunderts ähnelte seine Lebenswirklichkeit in vielen Zügen von Unfreiheit und Tyrannei dem nach solchen Erfahrungen doch eher vermeintlich utopischen *Metropolis*.

Obwohl sich insbesondere städtische Probleme, wie der Blick zurück zeigt, wiederholen, wiederholt sich Geschichte nicht. Das ist kein Trost. Wir ahnen allerdings zumindest insgeheim, welche Kräfte der Vulkan birgt, selbst wenn er uns ganz und gar untätig zu sein scheint, weil wir seine Gewalten aus der Geschichte kennen. Tanzen kann auf dem Vulkan wohl nur mit Unbekümmertheit und Freude, wer sich von der Oberfläche der verkrusteten, erstarrten, erkalteten Lava täuschen und von Glitzer und Glamour, Vergnügen und Ausgelassenheit, Musik und Melodien seine Augen, Sinne, Ohren betäuben lässt. Wirklichkeit zählt.

Das Berlin der Weimarer Jahre mit seinem Tempo, seiner Gewalt, seiner Trostlosigkeit und Hässlichkeit, mit den Verbrechen und dem Elend hinter den Fassaden mit dem Glitter und Flitter, den blinkenden Schriften und den eindrucksvollen Illuminationen, mit dem rasenden Verkehr und dem überhitzten Kulturbetrieb, mit der durch die Industriebetriebe und die Kohle- und Holzheizungen verpesteten Luft, mit dem Getriebe des Massenverkehrs, dem schreienden Anpreisen der neuesten Nachrichten durch die proletarischen Zeitungsjungen, mit dem Hupen der schnarrenden Taxis, mit der nie abreißenden Flut der Demonstrationen und Straßenschlachten, mit dem zum Himmel schreienden krassen Nebeneinander von Arm und Reich, von Bettlern und Millionären, von Prunkvillen in den Vororten und überbelegten Mietskasernen-Quartieren – dieses Berlin war trotz seiner kulturellen Vorzüge und Leistungen, seiner künstlerischen, wissenschaftlichen und wirtschaftlichen Potenz und trotz seiner Rolle als Hauptstadt eines wichtigen europäischen Staates gleichzeitig ein Moloch, schmutzig, bedrohlich, menschenfeindlich. Das ist das Berlin von *Berlin Alexanderplatz* – das Lebensgefühl im *Vulkan Berlin*.

Franz Biberkopf in seinem Kampf gegen diese bedrückende, bedrängende, überwältigende Stadt war kein glücklicher Mann. Ebenso wenig wie die Menschen um ihn herum. Oder die Jungs der *Blutsbrüder*. Es wäre fragwürdig, dieses Berlin als „goldene" Stadt der einfachen Leute, Arbeiter, Proletarier zu begreifen – trotz aller Bemühungen der Politik, insbesondere der Sozialpolitik. Hans Fallada, der dem Begriff des „kleinen Mannes" zum Durchbruch verholfen hat, macht das vor dem Hintergrund der Weltwirtschaftskrise mit den Schilderungen in seinem gesellschaftskritischen Roman *Kleiner Mann – was nun?* von 1932, der ebenfalls zu weiten Teilen in Berlin spielt, überdeutlich; auch in Hinsicht auf das Heer der Angestellten, die sich als etwas „Besseres" empfunden haben mögen. Das „Goldene" der Berliner 1920er-Jahre ist insgesamt ein aus der Retrospektive entstandener kulturgeschichtlicher Mythos.

Aus der Strafanstalt Tegel entlassen, der Blick ins Ungewisse der Stadt: Heinrich George 1931 als Franz Biberkopf in *Berlin – Alexanderplatz*

EPILOG

Das Ende der Freiheit – Adolf Hitlers Machtübernahme

Entzweie sie, Herr, verwirr ihre Sprache!
Denn in der Stadt sehe ich Gewalttat und Hader.
Auf ihren Mauern umschleicht man sie bei Tag und bei Nacht;
sie ist voll Unheil und Mühsal.
In ihr herrscht Verderben;
Betrug und Unterdrückung weichen nicht von ihren Märkten.

Psalm 55,10–12

Adolf Hitler steht am Abend seiner Vereidigung als Reichskanzler durch den Reichspräsidenten Paul von Hindenburg am 30. Januar 1933 am Fenster der Reichskanzlei in der Wilhelmstraße in Berlin vor einer jubelnden Menschenmenge

Am 30. Januar 1933 ernannte Reichspräsident Paul von Hindenburg in Berlin den Nationalsozialisten Adolf Hitler zum Reichskanzler und den Deutschnationalen Alfred Hugenberg als Minister für Wirtschaft, Landwirtschaft und Ernährung zum Vizekanzler. Die Epoche der „Goldenen" 1920er-Jahre in der Berliner Stadtgeschichte war damit vorbei.

George Grosz emigrierte bereits am 12. Januar 1933. Lion Feuchtwanger hielt sich am 30. Januar in New York City auf und notierte: „Besonders merkwürdige Ironie, daß der deutsche Botschafter mir an dem Tag einen Lunch gibt, an dem Hitler Kanzler wird." Marta Feuchtwanger befand sich im Skiurlaub in Sankt Anton am Arlberg. Beide kehrten nicht nach Berlin zurück. Alfred Döblin verließ ebenso wie Bertolt Brecht Deutschland am 28. Februar 1933, dem Tag nach dem Reichstagsbrand. Karl Wolffsohn blieb bis März 1939.

Klaus Mann, der zeitweilig in Berlin gelebt hatte, schrieb in der Emigration nach 1937 sein kurz vor dem Beginn des Zweiten Weltkriegs im Querido Verlag in Amsterdam erschienenes Werk

Der Vulkan. Roman unter Emigranten. Diese Emigrierten, obwohl sie doch schon einmal geflohen und nun in der Fremde sind, werden beschwörend vor dem jetzt Kommenden gewarnt: „Furchtbar ist der Vulkan. Das Feuer kennt kein Erbarmen. Ihr verbrennt, wenn ihr nicht sehr schlau und behutsam seid. Warum flieht ihr nicht? Oder wollt ihr verbrennen?“ Der Ausbruch des feuerspeienden Berges steht bevor. Und wie ein Schatten permanenten Erinnerns liegt über den Unbeheimateten des Romans das von ihnen verlassene, das verlorene, das vergangene Berlin vor 1933, von dem in *Der Vulkan* immer wieder wehmütig gesprochen wird.

Klaus Mann (1906–1949), hier 1925, war Sohn Thomas Manns, hatte nur zeitweilig im Berlin der 1920er-Jahre gelebt und schrieb im Exil einen der großen Romane der Emigration.

Die meisten Berliner blieben nach 1933. Wenige verweigerten sich und widerstanden. Viele machten in der Epoche von Diktatur, Unfreiheit, Verfolgungen und neuerlichem Weltkrieg mit, mehr oder weniger. Sie mussten, konnten nicht anders, viele wollten sogar. Emigration war für „kleine“ Leute unvorstellbar. Innere Emigration hieß es für Kulturleute. Brechts Theaterfreund Arnolt Bronnen, seit 1920 in Berlin, gelobte 1933 „Gefolgschaft“, machte Fernsehen, bekam Probleme. Erich Kästner, seit 1927 in Berlin, seine Werke verbrannt, schrieb unter Pseudonym, blieb fast bis Kriegsende. Die Berlinerin Jeanne Mammen, die die Stadt der 1920er-Jahre so wunderbar gemalt hat, blieb in ihrem 1919 bezogenen Atelier am Kurfürstendamm, ihre Kunst wurde brotlos.

Kultur, wie der Begriff in diesem Buch verstanden wird, existierte weiter. Aber es war eine kontrollierte und gesteuerte Kultur, die keine Freiheit kannte und die zur Vollstreckerin der menschenverachtenden, vor allem antisemitischen Ideologie und Propaganda des Nationalsozialismus degradiert wurde, und es war die zumeist abstoßende Kultur eines die Menschen bis ins letzte kommandierenden kollektiven Totalitarismus.

Die „Hauptstadt der 1920er-Jahre" Berlin dagegen war eine facettenreiche und anziehende Kulturmetropole der Freiheit, Kreativität und Entfaltung der individuellen Möglichkeiten gewesen. Die Freiheit war trotz aller Unzulänglichkeiten, Widerstände, Beschränkungen und Konflikte essenziell für die bis heute bewundernswerte, weltweit Maßstäbe setzende und faszinierende Kulturstadt Berlin in der Weimarer Zeit gewesen.

Ernst Ludwig Kirchner (1880–1938) malt 1929 fast naiv ein Brandenburger Tor: Verkehr, Passanten, Paare, das Grün des Tiergartens – Ruheort als Facette Berliner Lebenskultur der 1920er-Jahre?

LITERATURVERZEICHNIS

Michael Bienert: Mit Brecht durch Berlin. Ein literarischer Reiseführer. Frankfurt am Main 1998.

Michael Bienert: Döblins Berlin. Literarische Schauplätze. Berlin 2017.

Michael Bienert und Elke Linda Buchholz: Die Zwanziger Jahre in Berlin. Ein Wegweiser durch die Stadt. Berlin 2018.

Nathalie Boegel: Berlin – Hauptstadt des Verbrechens. Die dunkle Seite der Goldenen Zwanziger. München 2018.

Brechts Trommeln in der Nacht, hrsg. von Wolfgang M. Schwiedrzik. Frankfurt am Main 1996.

Bernhard-Michael Domberg und Klaus Rathje: Vom Rhein in die Welt. Geschichte einer Unternehmerfamilie. Wien 2009.

Christopher Dowe: Matthias Erzberger. Ein Leben für die Demokratie. Stuttgart 2011.

Christian Engeli: Gustav Böß, in: Stadtoberhäupter. Biographien Berliner Bürgermeister im 19. und 20. Jahrhundert, hrsg. von Wolfgang Ribbe. Berlin 1992, S. 185–201.

Klaus Epstein: Matthias Erzberger und das Dilemma der deutschen Demokratie. Berlin 1984.

Gerald D. Feldman: Hugo Stinnes. Biographie eines Industriellen 1870–1924. München 1998.

Klaus Fitschen: Berliner Kirchengeschichte. Berlin 2017.

Manfred Flügge: Die vier Leben der Marta Feuchtwanger. Biografie. Berlin 2015.

Hermann Glaser: Kleine deutsche Kulturgeschichte. Eine west-östliche Erzählung vom Kriegsende bis heute. Frankfurt am Main 2007.

Mel Gordon: Sündiges Berlin. Die zwanziger Jahre. Sex, Rausch, Untergang. Wittlich 2011.

Deborah Heinen: Die Malerei der Neuen Sachlichkeit am Beispiel von George Grosz' Werk „Die Stützen der Gesellschaft" (1926). Norderstedt 2014.

Helga Hesse: Bilder erzählen Weltgeschichte. München 2013.

Peter Hoeres : Die Kultur von Weimar. Durchbruch der Moderne. Berlin 2008.

Heiko Holste: Warum Weimar? Wie Deutschlands erste Republik zu ihrem Geburtsort kam. Köln 2017.

Mark Jones: Am Anfang war Gewalt. Die deutsche Revolution 1918/19 und der Beginn der Weimarer Republik. Berlin 2017.

Marianne Kesting: Bertolt Brecht in Selbstzeugnissen und Bilddokumenten. Reinbek 2003.

Alexander Kluy: George Grosz. König ohne Land. Biografie. München 2017.

Ulrich Kubisch: Automobile aus Berlin. Vom Tropfenwagen zum Amphicar. Berlin 1985.

Peter de Mendelssohn: Zeitungsstadt Berlin. Menschen und Mächte in der Geschichte der deutschen Presse. Berlin 1985.

Kai-Uwe Merz: Der AGA-Wagen. Eine Automobil-Geschichte aus Berlin. Berlin 2011.

Kai-Uwe Merz: Das Automobil des Nobelpreisträgers. Archivalische Studien zur Berliner Autogen Gasaccumulator Aktiengesellschaft (AGA), der Berliner Aktiengesellschaft für Automobilbau (AGA) und der Stockholmer Aktiebolaget Gas-Accumulator (AGA), in: Berlin in Geschichte und Gegenwart, Jahrbuch des Landesarchivs Berlin 2011, S. 83–99.

Kai-Uwe Merz: [Besprechung] Klaus Fitschen: Berliner Kirchengeschichte. Berlin 2017, in: Jahrbuch für die Geschichte Mittel- und Ostdeutschlands, Band 63 (2017), S. 357–358.

Kai-Uwe Merz: [Besprechung] Mark Jones: Am Anfang war Gewalt. Die deutsche Revolution 1918/19 und der Beginn der Weimarer Republik. Berlin 2017, in: Jahrbuch für die Geschichte Mittel- und Ostdeutschlands, Band 63 (2017), Heft 1, S. 368–371.

Kai-Uwe Merz: Das Schreckbild. Deutschland und der Bolschewismus 1917 bis 1921. Berlin 1995.

Kai-Uwe Merz: [Besprechung] Michael Wolffsohn: Deutschjüdische Glückskinder. Eine Weltgeschichte meiner Familie. München 2017, in: Jahrbuch für die Geschichte Mittel- und Ostdeutschlands, Band 63 (2017), Heft 1, S. 373–375.

Rainer Metzger: Berlin. Die 20er Jahre. Kunst und Kultur 1918–1933. München 2006.

Rainer Metzger: Berlin in den 1920er-Jahren. Köln 2017.

Ernst Nolte: Die Weimarer Republik. Demokratie zwischen Lenin und Hitler. München 2006.

Wolfgang Ribbe: Leitung und Kompetenzen der städtischen Verwaltung Berlins vom Mittelalter bis zum Ausgang des 20. Jahrhunderts. Ein Überblick, in: Stadtoberhäupter. Biographien Berliner Bürgermeister im 19. und 20. Jahrhundert, hrsg. von Wolfgang Ribbe. Berlin 1992, S. 13–32.

Viola Roggenkamp: Clärenore Stinnes, in: Starke Frauen. Elf eigenwillige Lebensbilder, hrsg. von Stefan Bollmann und Christiane Naumann. München 1999, S. 99–111.

Klaus Schröter: Alfred Döblin in Selbstzeugnissen und Bilddokumenten. Reinbek 1978.

Andreas Splanemann: Adolf Wermuth, in: Stadtoberhäupter. Biographien Berliner Bürgermeister im 19. und 20. Jahrhundert, hrsg. von Wolfgang Ribbe. Berlin 1992, S. 167–183.

Wilhelm von Sternburg: Lion Feuchtwanger. Die Biografie. Berlin 2016.

Clärenore Stinnes: Im Auto durch zwei Welten. Die erste Autofahrt einer Frau um die Welt 1927 bis 1929, hrsg. von Gabriele Habinger. Wien 2007.

Ursachen und Folgen. Vom deutschen Zusammenbruch 1918 und 1945 bis zur staatlichen Neuordnung Deutschlands in der Gegenwart, Band 2: Der militärische Zusammenbruch und das Ende des Kaiserreichs, Band 3: Der Weg in die Weimarer Republik, Band 4: Die Weimarer Republik. Vertragserfüllung und innere Bedrohung 1919/1922 [1960], Band 5: Das kritische Jahr 1923, hrsg. von Herbert Michaelis und Ernst Schraepler. Berlin o. J.

Michael Winter: PferdeStärken. Die Lebensliebe der Clärenore Stinnes. Reinbek 2004.

Michael Wolffsohn: Deutschjüdische Glückskinder. Eine Weltgeschichte meiner Familie. München 2017.

BILDNACHWEIS

akg-images: Titelbild, 2, 6, 9 (© VG Bild-Kunst, Bonn 2019), 12 (Horst von Harbou – Stiftung Deutsche Kinemathek), 15, 16, 19 (Sammlung Berliner Verlag/Archiv), 24, 27, 28, 37 (picture-alliance/dpa), 38, 42, 45, 48 (Historisches Auge), 55 (TT News Agency/SVT), 57, 58 (AP), 63, 64 (© Rudolf Schlichter), 69, 71, 72, 75, 81, 82 (Peter Weiss), 85, 89, 94 (© VG Bild-Kunst, Bonn 2019), 99, 100 (TT News Agency/SVT), 106, 107, 109/113 (© Estate of George Grosz, Princeton, N. J./VG Bild-Kunst), 115 (© The Heartfield Community of Heirs/VG Bild-Kunst, Bonn 2019), 116, 119 (© Estate of George Grosz, Princeton, N. J./VG Bild-Kunst, Bonn 2019), 120 (© Estate of George Grosz, Princeton, N. J./VG Bild-Kunst, Bonn 2019), 122, 126, 129 (Walter Limot), 135, 136, 139 (Elsengold Verlag/Sammlung Wolfgang Holtz), 140 (Heritage Images/National Motor Museum), 152, 155, 160, 171, 173 (© Rolf Niczky), 176, 178 (Historisches Auge), 181, 183, 186 (Imagno), 189 (Archive Photos), 195, 198 (Horst von Harbou – Stiftung Deutsche Kinemathek), 205
Bundesarchiv: 41
Deutsches Historisches Museum: 52 (A. Psille)
Falk Gottwald: 151 (Digitalisierung: Deutsches Technikmuseum Berlin)
Landesarchiv Berlin: 22 (F Rep. 270 A 9054)
Monique Wüstenhagen: Autorenfoto hintere Umschlagklappe
picture-alliance: 51 (Imagno), 93 (© dpa/Report), 143 (akg-images)
picture-alliance/ullstein bild: 31, 32, 77, 86, 104, 163, 168, 174, 191, 197, 201, 204
Polizeihistorische Sammlung Berlin: 131, 132
Theaterwissenschaftliche Sammlung, Universität zu Köln: 166
ullstein bild: 78, 165
Wikimedia Commons: 90 (Axel Manuszat), 156 (Feuchtwanger Memorial Library)

Leider ist es uns nicht in allen Fällen gelungen, den/die Rechtsnachfolger der Künstler ausfindig zu machen. Dafür bitten wir um Entschuldigung. Für Hinweise sind wir dankbar, Rechtsansprüche bleiben gewahrt.

IMPRESSUM

Gestaltung und Satz: Goscha Nowak, Berlin
Printed in Slovenia

ISBN 978-3-96201-039-3
www.elsengold.de | www.wasmitgeschichte.de

Abbildung auf S. 2: Das Aquarell von Carl Grossberg zeigt das Café König Unter den Linden/Ecke Friedrichstraße in Berlin im Jahr 1926.